AF639888

Hungry for Adventures

Rezepte zum Wandern, Radfahren und Genießen im Grünen

Jessica Lerchenmüller

KNESEBECK

Inhaltsverzeichnis

Vorwort

Mit Freude sah ich zu, wie die ersten bunten Blätter von den Ästen fielen und in Pirouetten zu Boden tanzten. Ich hatte beschlossen, dem Hallensport den Rücken zu kehren und stattdessen mehr Zeit in der Natur zu verbringen, und begann regelmäßig zu laufen. Als im Frühling dann Wiesen, Wald- und Wurzelwege unter der dicken Schneedecke hervorkamen, schnürte ich die Wanderschuhe und tauschte den Asphalt gegen unvorhersehbares Terrain. Es blieb keine einmalige Sache! Das Wandern ließ mein Herz nicht nur der Anstrengung wegen höherschlagen: All die Formen, Farben und Gerüche, denen ich in der Natur begegnete, waren Inspiration pur. Kurze Zeit später kaufte ich mir mein erstes Rennrad. Bereits beim Einklinken in die Pedale verspürte ich ein Gefühl von Freiheit. Der Rausch der Geschwindigkeit, wenn ich nach langen, atem(be)raubenden Anstiegen auf meinem sieben Kilogramm leichten Carbon-Gefährt bergab fuhr, zog mich schnell in seinen Bann.

Ich war hungrig nach Abenteuern im Freien!

Die Touren wurden länger und die Höhenmeter mehr. Aus einer Stunde im Freien wurden drei, aus drei auch schnell mal fünf, und die Ernährung spielte plötzlich eine ganz andere Rolle für mich. Nicht nur vor und nach meinen Ausflügen, sondern vor allem dazwischen.

Seither vergeht kaum ein Wochenende, an dem ich nicht in den Bergen unterwegs bin. Meist begebe ich mich am Vorabend in meine Küche, um aus ein paar einfachen Zutaten energiereiche und nahrhafte Gerichte für mein nächstes Abenteuer zuzubereiten: ein sättigendes Müsli, um gut gestärkt in den Tag zu starten, ein paar Leinsamen-Cracker als Snack nach dem Sport und fruchtig-kernige Energieriegel für unterwegs. Manchmal backe ich auch kleine Kuchen, die perfekt ins Radtrikot passen und die nötige Power liefern, um über die serpentinenreichen Alpenstraßen bis an die Passhöhe zu gelangen. Es gibt nichts Besseres, als eine Wanderjause aus einer Scheibe Zucchini-Kichererbsen-Brot mit einem Löffel cremigem Hummus und ein paar Oliven am Gipfel bei bester Bergkulisse zu genießen.

Genauso wichtig wie eine ausreichende Energiezufuhr beim Sport selbst ist für mich, sich im Anschluss einer Tour bewusst Zeit zum Kochen und Essen zu nehmen. Die abwechslungsreich kombinierten Mahlzeiten aus Obst, Gemüse, Getreide, Hülsenfrüchten, Nüssen, Samen und Kernen helfen mir dabei, die Energiespeicher zu füllen und mich für das nächste Abenteuer in den Bergen zu stärken.

Ich bin dankbar für all die Ausflüge ins Freie, die ich in den letzten Jahren erleben durfte. Sowohl die Ausfahrten mit dem Rennrad als auch die gemeinsamen Wanderungen mit Freund:innen führten mich immer wieder an versteckte Orte, die sich als Juwelen entpuppten. Orte, die ich so niemals besucht oder entdeckt hätte. Küstenstraßen mit Blick auf türkis-blaue Buchten, kleine Bergdörfer oder einsame Bergseen, in denen das Sonnenlicht in all seiner Kraft glitzert. Zahlreiche dieser schönen Momente in der Natur verbinde ich mit den Gerichten in diesem Buch: der Geschmack salziger Karamell-Taler auf der Zunge, während mir die kalte, frische Alpenluft auf dem Weg zum Gipfel um die Nase weht, oder der Duft von feinstem Curry, der den Raum füllt, während wir beim Abendessen die gemeinsam erlebte Tour Revue passieren lassen.

So ist auch die Idee für dieses Buch entstanden. Eingeteilt in fünf Kapitel – Basics, Frühstücksrezepte, Kraftspender für unterwegs, Snacks und Dinner zum Auffüllen der Energiereicher – findest du hier zahlreiche vegetarische und größtenteils auch glutenfreie Rezepte, um gut gestärkt in deine Abenteuer zu starten. Viele davon laden ein, mit einer Prise Kreativität ganz nach deinem Geschmack angepasst zu werden.

Ich wünsche dir viel Freude beim Nachkochen und hoffe, dass du durch dieses Buch auch »hungry for adventures« wirst!

Bleib hungrig!

Jessica

Hinweise
zu den Rezepten in diesem Buch

Küchenhelfer

In meiner Küche befinden sich nur wenige, aber dafür sehr nützliche Küchengeräte. Sie helfen mir dabei, einfache Zutaten in ein wunderbares Gericht zu verwandeln. Neben der Grundausstattung, die aus einer Pfanne, einem Kochtopf, einem Gemüsehobel, einem Sparschäler, einer Küchenwaage und einem Messbecher besteht, sind ein leistungsstarker Standmixer und eine Küchenmaschine für mich unerlässlich.

Ich glaube, ich verwende kein anderes Küchengerät so häufig wie meinen **Standmixer**. Neben cremigen Frühstücksgerichten und Smoothies lassen sich auch Nussdrinks und Nussmus wunderbar damit zubereiten. Selbst Brot- oder Kuchenteige, wie zum Beispiel das Reisbrot (siehe S. 31), stelle ich damit her. Wichtig bei der Auswahl eines Standmixers ist die Leistung des Motors. Meiner hat beispielsweise eine Leistung von 1.000 bis 1.200 Watt.

Die **Küchenmaschine** ist die kleine Schwester vom leistungsstarken Standmixer. Sie hackt, zerkleinert und püriert zwar nicht ganz so fein wie ein leistungsstarker Standmixer, eignet sich aber perfekt für die Zubereitung von kleineren Mengen an Aufstrichen, Saucen oder Pestos.

Eingepackt für unterwegs

Wenn es darum geht, Kekse, Riegel, Kuchen & Co für die kleinen und großen Outdoor-Abenteuer einzupacken, sind Jausenboxen aus Aluminium, Bienenwachstücher, Butterbrotpapier oder wiederverwendbare Zip-Säckchen meine erste Wahl.

Getreide und Pseudogetreide

Für die Rezepte in diesem Buch verwende ich eine Vielzahl unterschiedlicher Getreide- und Pseudogetreide. Obwohl es vor dem Kochen nicht unbedingt eingeweicht werden muss, ist es dennoch empfehlenswert. Denn durch den Prozess des Einweichens können wichtige Mikronährstoffe und sekundäre Pflanzenstoffe vom Körper besser aufgenommen und verwertet werden. Das Einweichen trägt zur besseren Bekömmlichkeit bei und verkürzt auch die Zubereitungszeit, wodurch Energie gespart und Nährstoffe geschont werden können. Zudem wird das Korn von Schmutz, überschüssiger Stärke und Bitterstoffen befreit. Ich gebe die Körner mit ausreichend Wasser in ein Einmachglas mit Deckel und lasse sie über Nacht einweichen. Wenn es mal schnell gehen muss, wasche ich das (Pseudo-) Getreide einfach mithilfe eines Küchensiebes so lange unter fließendem Wasser, bis das Wasser klar ist.

Mehle

Mindestens genauso vielfältig wie die Auswahl an Getreide und Pseudogetreide ist die Auswahl an Mehlen. Neben Dinkelmehl habe ich auch unterschiedliche glutenfreie Alternativen für die Rezepte in diesem Buch verwendet. Sie bringen nicht nur Abwechslung in die Küche, sondern liefern auch jede Menge Eiweiß, Ballast- und Nährstoffe. Sie sind in jedem gut sortierten Super-, Bio- oder Drogeriemarkt erhältlich oder lassen sich einfach und schnell selbst herstellen.

Glutenfreie Mehle können aufgrund des unterschiedlichen Aufnahmeverhältnises von Flüssigkeit nicht einfach 1:1 ersetzt werden. Wenn du zum Beispiel Hafermehl anstelle von Kichererbsenmehl verwenden möchtest, kann es sein, dass du mehr Flüssigkeit hinzufügen musst. Wenn du dich also für ein anderes Mehl als im Rezept angegeben entscheidest, gib die Flüssigkeit vorsichtig hinzu, bis die gewünschte Konsistenz erreicht ist.

Hafermehl ist inzwischen ein fester Bestandteil in meiner Küche. Leicht nussig im Geschmack passt es wunderbar zu Kuchenrezepten. Obwohl Hafermehl mittlerweile gut erhältlich ist, lässt es sich auch ganz einfach selbst herstellen. Dafür gebe ich die gewünschte Menge an glutenfreien Haferflocken in einen leistungsstarken Standmixer und mahle die Flocken auf mittlerer bis hoher Stufe portionsweise in 30–60 Sekunden zu Mehl.

Hirsemehl ist eine großartige Ergänzung in meiner Vorratskammer. Ich verwende es gerne zum Backen von Keksen. Genauso wie Hafermehl lässt es sich einfach und schnell selbst herstellen. Dazu die gewünschte Menge an Hirse in einen leistungsstarken Standmixer geben und auf mittlerer bis hoher Stufe in 45–60 Sekunden zu Mehl mahlen. Das Mehl bewahre ich anschließend in einem luftdicht verschlossenen Einmachglas bis zur Verwendung auf.

Kichererbsenmehl ist inzwischen zu einer meiner liebsten Mehlalternativen geworden, denn es ist vielseitig einsetzbar. Ich verwende es gerne zum Backen von Pancakes, Kuchen oder Keksen. Es ist nicht nur reich an Eiweiß und Ballaststoffen, sondern verhält sich auch neutral im Geschmack.

Kokosmehl verwende ich hauptsächlich dazu, um Porridges cremiger zu machen oder meinen Keksen einen angenehmen Geschmack von Kokos zu geben. Es ist reich an Eiweiß und Ballaststoffen und bringt von Natur aus eine feine Süße mit.

Leinsamenmehl ist ein wunderbares Bindemittel beim Backen mit glutenfreien Mehlen, damit das Gebäck auch ohne das Klebereiweiß Gluten luftig, knusprig und saftig wird. Zudem ist es äußerst ballaststoff- und eiweißreich.

Joghurt und Milch

Je cremiger, desto besser! Wie bei Mehl gibt es auch bei Joghurt und Milch eine vielfältige Auswahl – auch an pflanzlichen Alternativen. Wenn keine bestimmte Sorte im Rezept aufgeführt ist, wie zum Beispiel »griechischer Joghurt«, kannst du einen Joghurt oder eine pflanzliche Joghurtalternative deiner Wahl verwenden. Dasselbe gilt für Milch und pflanzliche Milchalternativen.

Gut zu wissen ...

- Die **Angabe der Portionen** ist bei manchen Rezepten mit 2–4 Portionen etwas großzügiger definiert. Dabei ist die kleinere Zahl bei großem Appetit maßgebend. Wer weniger Appetit hat, kann die zweite Portion einfach für den nächsten Tag aufbewahren.
- Bei einigen Rezepten lohnt es sich, gleich mehr als 2 Portionen herzustellen. Porridges, Eintöpfe und Salate bieten eine tolle Möglichkeit für **Meal Prep** und halten sich im Kühlschrank mehrere Tage. Durch das Vorkochen sparst du am Morgen Zeit und nach dem Ausflug ins Grüne, dem Training oder der Arbeit hast du gleich etwas Nährstoffreiches und Sättigendes parat. Zur Aufbewahrung verwende ich gerne Einmachgläser in unterschiedlichen Größen.
- **Süße nach deinem Geschmack!** Viele Rezepte schmecken auch wunderbar ohne Zugabe von Ahornsirup oder Honig. Daher habe ich bei einigen Rezepten den Zucker als »optional« gekennzeichnet.
- Jeder Backofen ist unterschiedlich. Deshalb habe ich bei den meisten Backrezepten eine Zeitspanne angegeben. Orientiere dich beim ersten Backen zur Sicherheit an der niedrigeren Zeitangabe. Je nach Größe der Eier oder Reifegrad von Obst und Gemüse kann es sein, dass dem Rezept noch etwas Mehl oder Flüssigkeit hinzugefügt werden muss, um eine optimale Konsistenz zu erhalten. Zum Beispiel geben Eier der Größe L mehr Flüssigkeit als Eier der Größe S. Und reife Bananen sind weicher als unreife, wodurch der Teig saftiger wird.

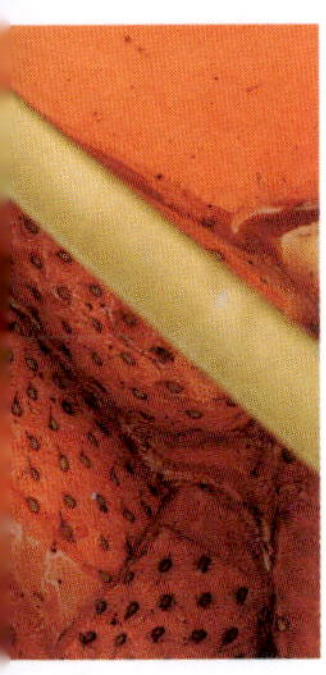

BASICS FÜR DEN VORRAT

Die Sonne verschwindet am Horizont, und die Natur kommt langsam zur Ruhe. Nicht selten begebe ich mich dann in meine Küche, um ein paar einfache Zutaten in etwas Außergewöhnliches für meinen Vorratsschrank zu verwandeln. Es ist für mich der perfekte Übergang, um nach einem langen Tag zur Entspannung zu finden. Wie beim Wandern oder Radfahren, komme ich beim Schneiden, Rühren und Ausprobieren neuer, ungewöhnlicher Kreationen in eine Art Flow-Zustand, der mein Gedankenkarussell im Kopf langsam zum Stillstand bringt.

Duftendes frisches Brot mit knuspriger Kruste und weicher, saftiger Krume, süß-aromatisches Kompott oder cremig-würzige Aufstriche – in diesem Kapitel befinden sich zahlreiche Basic-Rezepte, die sich nicht nur wunderbar auf Vorrat zubereiten lassen und damit Zeit im Alltag sparen, sondern auch vielseitig mit den Frühstücks-, Dinner-, und Snack-Rezepten in diesem Buch kombinierbar sind. Und selbst untereinander: Eine Scheibe saftiges Hirse-Buchweizen-Brot (siehe S. 28) mit feinem Rote-Bete-Aufstrich (siehe S. 20) bilden an abenteuerreichen Tagen im Grünen ein leckeres, sättigendes Duo.

Fruchtjoghurt

Die Süße der Früchte harmoniert wunderbar mit dem leicht säuerlichen Geschmack des Naturjoghurts. Am liebsten löffle ich den Fruchtjoghurt direkt aus dem Glas oder kombiniere ihn mit einer Handvoll selbst gemachtem Granola (Seite 24–27).

ZUTATEN
für 2–4 Portionen

Kirsch-Vanille

- 220 g Kirschen, entsteint (alternativ TK-Kirschen)
- ¼ TL gemahlene Bourbon-Vanille
- 6 getrocknete Datteln, entsteint
- 500 ml Naturjoghurt (oder eine pflanzliche Joghurtalternative)

Mango-Pfirsich

- 1 Mango (alternativ TK-Mangowürfel)
- 1 Pfirsich
- 4 getrocknete Datteln, entsteint
- 500 g Naturjoghurt (oder eine pflanzliche Joghurtalternative)

Heidelbeer-Banane

- 150 g Heidelbeeren (alternativ TK-Beeren)
- 1 Banane
- 4 getrocknete Datteln, entsteint
- 500 g Naturjoghurt (oder eine pflanzliche Joghurtalternative)

Feigen-Honig

- 4 Feigen (alternativ 2 EL Feigenkonfitüre)
- 500 g Naturjoghurt (oder eine pflanzliche Joghurtalternative)
- 3 EL flüssiger Honig

Das Obst waschen oder schälen, ggf. entkernen und würfeln. Die Obststücke mit den Gewürzen und Datteln in einen Standmixer geben und glatt pürieren. Das Fruchtpüree anschließend mit dem Joghurt und ggf. Honig verrühren und servieren.

TIPP

Für einen Eyecatcher den Joghurt mit dem Fruchtmus so verrühren, dass eine Art Zwirl entsteht.

Nussdrinks

Selbstgemachte Nussdrinks gehört seit vielen Jahren zur Grundausstattung meiner Küche. Für Nussdrinks können Nüsse, Samen und Kerne miteinander kombiniert werden. Das sorgt nicht nur für Abwechslung, sondern liefert auch eine Vielzahl an Nährstoffen. Das folgende Rezept dient als Inspiration für deine eigene Kreation.

ZUTATEN
für 1 Flasche (à ca. 1,5 l)

Nussdrink pur

- 100 g Nusskerne oder Kerne nach Wahl
- ¼ TL gemahlene Bourbon-Vanille oder gemahlener Zimt (optional)
- 2–3 Medjool-Datteln, entsteint (optional)
- Salz

Nussdrink-Duo

- 60 g Nusskerne nach Wahl
- 40 g Kerne nach Wahl
- ¼ TL gemahlene Bourbon-Vanille oder gemahlener Zimt (optional)
- 2 Medjool Datteln, entsteint (optional)
- Salz

Nusskerne nach Wahl

- Geschälte Mandeln
- Geschälte Haselnusskerne
- Cashewkerne

Kerne nach Wahl

- Kürbiskerne
- Sonnenblumenkerne
- geschälte Hanfsamen

Außerdem

- leistungsstarker Standmixer

Die Nusskerne oder Kerne in ein Einmachglas (à 1000 ml) oder eine verschließbare Schüssel geben, mit Wasser bedecken und mindestens 8 Stunden, am besten über Nacht, einweichen. Anschließend in ein feinmaschiges Sieb abgießen, mit 1 Liter frischem Wasser, Vanille oder Zimt, Datteln und 1 Prise Salz in einen leistungsstarken Standmixer geben und in 3 Minuten zu einem cremigen Drink pürieren. Den Nussdrink in einen sterilen Behälter füllen. Im Kühlschrank hält er sich bis zu 3 Tage.

Nussmus

Selbstgemachtes Nuss- oder Samenmus schmeckt einfach fabelhaft. Es gibt kaum ein Gericht, bei dem ein Löffel cremiges Nussmus nicht passt. Ich verwende das Mus gerne dafür, um Porridges reichhaltiger, Dressings cremiger und Kekse nährstoffreicher zu machen. Es gibt inzwischen eine ganze Reihe verschiedener Muse: Mandelmus, Macadamiamus, Sonnenblumenkernmus oder Sesammus (Tahin). Letzteres mag ich derzeit am liebsten! Geröstet entfalten Samen und Nüsse ein ganz besonders intensives Aroma.

ZUTATEN
für 1 Glas (à ca. 500 ml)

- 400 g Nusskerne, Kerne oder Samen nach Wahl
- Salz

Außerdem

- Küchenmaschine oder leistungsstarker Standmixer

Die Nusskerne, Kerne oder Samen in einer Pfanne ohne Fett bei mittlerer Hitze 10–12 Minuten unter ständigem Rühren rösten, bis sie duften, dann aus der Pfanne nehmen und kurz abkühlen lassen. Anschließend mit 1 Prise Salz in einen Standmixer geben und zuerst auf niedriger Stufe, dann auf hoher Stufe zerkleinern. Zwischendurch das Gerät abschalten und die Masse von den Seiten des Behälters nach unten schieben. Den Vorgang so oft wiederholen, bis ein cremiges Mus entstanden ist. Je nach Sorte und Küchengerät kann dies unterschiedlich lange dauern. Das Mus in ein steriles Einmachglas geben. Es hält sich gut verschlossen, an einem dunklen und kühlen Ort gelagert, mehrere Wochen frisch.

BASICS FÜR DEN VORRAT

Fruchtkompott

ZUTATEN
für je 1 Glas (à 350 ml)

Aprikose-Holunder

- 500 g Aprikosen
- 2 EL Zitronensaft
- 1 Prise frisch gemahlener schwarzer Pfeffer
- 2 TL Holunderblütensirup (alternativ frische Holunderblüten)
- 2 EL Ahornsirup

Pfirsich-Minze

- 500 g Pfirsiche (alternativ Nektarinen)
- 2 EL Zitronensaft
- 30 Blätter frische Minze, in Streifen
- 3 EL Ahornsirup

Apfel-Zimt

- 500 g Äpfel
- 30 g Rosinen
- 2 EL Zitronensaft
- 2 Zimtstangen

Zwetschge-Vanille

- 500 g Zwetschgen
- 2 EL Zitronensaft
- ¼ TL gemahlene Bourbon-Vanille

Erdbeere mit Pfeffer

- 500 g Erdbeeren
- 2 EL Zitronensaft
- 1 Prise frisch gemahlener schwarzer Pfeffer
- 2 EL Ahornsirup

Erdbeeren sind wohl die beliebtesten Beeren der Welt und aus keiner Kindheitserinnerung wegzudenken. Kombiniert mit einem Hauch würzigem Pfeffer und dem süßen Geschmack der Holunderblüten entsteht aus einer Handvoll roter Beeren ein intensives, aromatisches Geschmackserlebnis. Das Wunderbare an diesem Kompott ist, dass es sowohl im Kochtopf als auch im Backofen zubereitet werden kann, wodurch noch einmal völlig unterschiedliche Aromen zum Vorschein kommen.

Auch andere Früchte entfalten in Kombination mit Gewürzen sowohl gekocht als auch gebacken fantastische Aromen. Und nicht zuletzt passt Kompott einfach immer perfekt zu einer Portion Porridge und einer Handvoll knusprigem Granola.

Das Obst waschen, putzen, ggf. entkernen und würfeln. Die Obststücke mit dem Zitronensaft, den Gewürzen oder Kräutern und 50 ml Wasser in einen Topf geben und aufkochen. Bei niedriger Hitze 15–20 Minuten köcheln lassen. Bei Bedarf noch etwas Wasser hinzufügen. Nach der Garzeit nach Belieben mit Ahornsirup süßen. Das heiße Kompott in ein steriles Einmachglas geben, auskühlen lassen und verschlossen im Kühlschrank bis zum Servieren aufbewahren.

VARIANTE

Erdbeerkompott aus dem Backofen

Den Backofen auf 180 °C (Umluft) vorheizen. 500 g Erdbeeren waschen, vom Grün befreien, vierteln und in eine Auflaufform geben. 1 EL Olivenöl mit 2 TL Holunderblütensirup, 2 EL Zitronensaft und 1 Prise frisch gemahlenem schwarzem Pfeffer sowie 2 EL Ahornsirup (optional) nach Belieben vermengen, über die Erdbeeren geben und alles gut vermengen. Anschließend in den heißen Ofen (Mitte) schieben und 20–25 Minuten darin rösten. Das heiße Kompott in ein steriles Einmachglas geben, auskühlen lassen und verschlossen im Kühlschrank bis zum Servieren aufbewahren.

Kichererbsen-Hummus

ZUTATEN
für 1 Portion oder 1 Glas (à 500 ml)

Für den Hummus

- 1 Dose Kichererbsen (240 g Abtropfgewicht)
- 1 Zitrone
- 60 g Tahin (Sesammus)
- 2 EL Olivenöl
- ¼ TL gemahlener Kreuzkümmel
- ¼ TL gemahlener Koriander
- 1 TL Ahornsirup
- ½ TL Salz

Für das Topping

- ½ Granatapfel
- 3 Stängel frischer Koriander
- 2 EL Cashewkerne
- 3 EL Olivenöl
- 1 EL Tahin (Sesammus)
- 1 Msp. Chiliflocken
- 1 TL Hanfsamen
- 1 TL Sesam
- Salz
- etwas frische Gartenkresse

Die einfachsten Dinge sind meistens die Besten. Dazu gehört für mich zum Beispiel ein selbst gemachter Aufstrich, serviert mit knackigen Gemüsesticks oder knusprigen Crackern. Hier und auf den folgenden Seiten findest du ein paar meiner liebsten Aufstrich-Variationen, die in den Rezepten der nachfolgenden Kapiteln immer wieder Verwendung finden.

Für den Hummus die Kichererbsen in ein Küchensieb gießen, unter Wasser abspülen und gut abtropfen lassen. Die Zitrone halbieren und den Saft auspressen. Die Kichererbsen mit dem Zitronensaft und den restlichen Zutaten sowie 50 ml Wasser in eine Küchenmaschine geben und zu einer cremigen Masse pürieren.

Für das Topping den Granatapfel am besten in einer Schale voll Wasser entkernen und die Kerne an der Wasseroberfläche abschöpfen. Den Koriander waschen, trocken schütteln und die Blättchen abzupfen. Die Cashewkerne hacken. Den Hummus in eine Schüssel füllen und mit Granatapfelkernen, Korianderblättchen, Cashewkernen, Olivenöl, Tahin, Chiliflocken, Hanfsamen, Sesam, 1 Prise Salz und frischer Gartenkresse garnieren.

TIPP

Optional kann der Hummus auch in einem sterilen Einmachglas mehrere Tage im Kühlschrank aufbewahrt werden.

Rote-Bete-Aufstrich

ZUTATEN
für 1 Portion oder 1 Glas (à 500 ml)

Für den Aufstrich

- 1 Dose weiße Bohnen (alternativ Kichererbsen; 240 g Abtropfgewicht)
- 1 kleine Rote Bete (ca. 100 g)
- 2 EL Zitronensaft
- 50 g Tahin (Sesammus)
- 2 EL Olivenöl

Für das Topping

- 2 EL Olivenöl
- 1 EL schwarzer Sesam
- Salz

Die Bohnen in ein Küchensieb gießen, unter Wasser abspülen und gut abtropfen lassen. Die Rote Bete schälen und vierteln, dabei nach Bedarf Einweghandschuhe tragen. Die Bohnen mit der Roten Bete und den restlichen Zutaten sowie 2 EL Wasser in eine Küchenmaschine geben und zu einer cremigen Masse mixen. Den Aufstrich in eine Schüssel füllen und mit Olivenöl, Sesam und 1 Prise Salz garnieren.

TIPP

Optional kann der Aufstrich auch in einem sterilen Einmachglas mehrere Tage im Kühlschrank aufbewahrt werden. Anstelle von Tahin passen auch weißes Mandelmus oder Cashewmus. Der Geschmack verändert sich dadurch ein wenig und bringt Abwechslung in die Alltagsküche.

Bohnen-Aufstrich

ZUTATEN
für 1 Portion oder 1 Glas (à 500 ml)

Für den Aufstrich

- 1 Dose weiße Bohnen (240 g Abtropfgewicht)
- 1 Zitrone
- 1 TL Ahornsirup
- ½ TL Salz
- 60 g Tahin (Sesammus)
- 1 Msp. Chiliflocken

Für das Topping

- 3 EL Olivenöl
- 1 TL geschälter Sesam
- Salz

Die Bohnen in ein Küchensieb gießen, unter Wasser abspülen und gut abtropfen lassen. Die Zitrone halbieren und den Saft auspressen. Für das Topping 1 EL Bohnen aufbewahren, die restlichen Bohnen mit Zitronensaft, Ahornsirup, Salz, Tahin, Chiliflocken und 25 ml Wasser in eine Küchenmaschine geben und zu einer cremigen Masse pürieren. Den Bohnen-Aufstrich in eine Schüssel füllen und mit Olivenöl, weißen Bohnen, Sesam und 1 Prise Salz garnieren.

TIPP

Optional kann der Bohnen-Aufstrich auch in einem sterilen Einmachglas mehrere Tage im Kühlschrank aufbewahrt werden.

Feta-
Aufstrich

ZUTATEN
für 1 Portion oder 1 Glas (à 500 ml)

Für den Aufstrich

200 g Feta
½ Zitrone
250 g Quark
Salz, frisch gemahlener Pfeffer

Für das Topping

1 kleiner Zweig Thymian
2 EL Olivenöl
1 Msp. Chiliflocken
Salz

Den Feta grob zerkleinern, die Zitrone auspressen. Feta mit Quark und Zitronensaft in eine Küchenmaschine geben und auf niedriger Stufe zu einer cremigen Masse pürieren. Mit je 1 Prise Salz und Pfeffer abschmecken.

Für das Topping den Thymian waschen, trocken schütteln und die Blättchen abzupfen. Den Feta-Aufstrich in eine Schüssel füllen und mit Olivenöl, frischen Thymianblättchen, Chiliflocken und 1 Prise Salz garnieren.

TIPP

Optional kann der Aufstrich auch in einem sterilen Einmachglas mehrere Tage im Kühlschrank aufbewahrt werden.

Parmesan-Ricotta-
Aufstrich

ZUTATEN
für 1 Portion oder 1 Glas (à 300 ml)

55 g Parmesan
250 g Ricotta
2 EL Zitronensaft
1 TL Ahornsirup
Salz, frisch gemahlener Pfeffer

Den Parmesan fein reiben und mit dem Ricotta in einer Schüssel gut vermengen. Zitronensaft und Ahornsirup unterrühren und den Aufstrich mit Salz und Pfeffer abschmecken. In einem sterilen Einmachglas ist der Aufstrich mehrere Tage im Kühlschrank haltbar.

Gartenkräuter-Hummus

ZUTATEN
für 1 Portion oder 1 Glas (à 500 ml)

Für den Hummus

1 Dose Kichererbsen (240 g Abtropfgewicht)
20 g frische Petersilie
20 g frisches Basilikum
10 Blätter frische Minze
2 Knoblauchzehen
50 g Tahin (Sesammus)
2 EL Zitronensaft
½ TL Salz
1 EL Ahornsirup

Für das Topping

5 Blätter frische Minze
2 EL Olivenöl
1 EL Kürbiskerne
1 EL Sonnenblumenkerne
Salz

Für den Hummus die Kichererbsen in ein Küchensieb gießen, unter Wasser abspülen und gut abtropfen lassen. Petersilie, Basilikum und Minze waschen und trocken schütteln oder tupfen. Den Knoblauch schälen und halbieren. Alle Zutaten mit 80 ml Wasser in eine Küchenmaschine geben und cremig pürieren. Den Gartenkräuter-Hummus in eine Schüssel füllen.

Für das Topping die Minze waschen, trocken tupfen und fein hacken. Anschließend mit dem Olivenöl, den Kürbis- und Sonnenblumenkernen sowie 1 Prise Salz über den Hummus geben.

TIPP

Optional kann der Gartenkräuter-Hummus auch in einem sterilen Einmachglas mehrere Tage im Kühlschrank aufbewahrt werden.

Granola-
Grundrezept

GRUNDREZEPT
für 1 Glas (à 1500 ml)

Das schöne am Granola ist, dass es einfach immer anders schmeckt, sobald ein paar Zutaten ersetzt oder ergänzt werden. Deshalb habe ich hier eine Auflistung an Nüssen, Flocken und Trockenfrüchten, die als Inspiration für eine eigene Kreation dienen sollen. Als Grundlage für das Mengenverhältnis dient das Nordic Granola (Seite 26).

Nüsse, Kerne und Samen (ca. 185 g)
Cashewkerne, Haselnusskerne, Walnusskerne, Sonnenblumenkerne, Hanfsamen, Leinsamen

Flocken (ca. 140 g)
Dinkelflocken, Roggenflocken, Hirseflocken, Haferflocken, Amarant gepufft, Quinoa gepufft

Trockenfrüchte (ca. 65 g)
Rosinen, Aprikosen, Ananas, Sauerkirschen, Kokoschips, Feigen, Bananenchips, Apfelringe

Bei der Verwendung von gefriergetrockneten Erdbeeren oder Himbeeren die Menge auf 15 g reduzieren.

Für eine Variante mit Schokolade
50 g Zartbitter- oder Vollmilchschokolade mit einem scharfen Messer grob hacken und nach dem Backen zusammen mit den Trockenfrüchten unter das abgekühlte Granola mengen.

Nordic
Granola

Einen Großteil der Inspiration für meine Rezepte finde ich auf Reisen und Ausflügen in die Natur. Manchmal ist es die Kombination der Zutaten, der Geschmack oder das ganze Gericht in seiner Aufmachung selbst, das ich mit einem Ort verbinde. Prägend für dieses Granola-Rezept war mein Aufenthalt in Dänemark, die Rauheit des Windes an der Küste und die Süße der Gebäcke in den Cafés der Stadt. Roggenbrot ist in Dänemark von langer Tradition. Als Roggenflocken verleiht das Getreide dem Granola noch mehr Geschmack und Biss.

ZUTATEN
für 1 Glas (à 1,5 l)

100 g Roggenflocken
400 g Kleinblatt-Haferflocken
100 g geschälte Mandeln
40 g Pekannusskerne
45 g Kürbiskerne
175 ml Ahornsirup
2 EL Kokosöl
1 Msp. gemahlene Bourbon-Vanille
Salz
65 g getrocknete Cranberries

Den Backofen auf 200 °C (Umluft) vorheizen. Ein Backblech mit Backpapier auslegen.

Die Flocken mit den Kernen in eine große Schüssel geben. Den Ahornsirup mit Kokosöl, Bourbon-Vanille und 1 Prise Salz in einer kleinen Schüssel vermischen, zu den trockenen Zutaten geben und gut vermengen. Die Masse mit den Händen etwas zusammendrücken, damit später kleine knusprige Stücke entstehen, anschließend gleichmäßig auf dem Backblech verteilen.

Die Ofentemperatur auf 180 °C reduzieren und das Granola im heißen Ofen (Mitte) 18–20 Minuten knusprig backen. Anschließend auskühlen lassen, die Cranberries untermengen und das Granola in ein Einmachglas füllen. Verschlossen ist es mehrere Wochen haltbar.

Wachmacher-Granola

Matcha ist neben Kaffee ein echter Wachmacher und sorgt am frühen Morgen für einen extra Schub Energie.

ZUTATEN
für 1 Glas (à 750 ml)

250 g Großblatt-Haferflocken
65 g Mandeln
35 g Sonnenblumenkerne
75 ml Ahornsirup
1 EL Kokosöl
2 EL Matcha-Pulver
Salz

Den Backofen auf 200 °C (Umluft) vorheizen. Ein Backblech mit Backpapier auslegen.

Die Haferflocken mit den Mandel- und Sonnenblumenkernen in eine große Schüssel geben. Den Ahornsirup mit Kokosöl, Matcha-Pulver und 1 Prise Salz in einer kleinen Schüssel vermischen. Die feuchten Zutaten zu den trockenen Zutaten geben und gut vermengen. Die Masse mit den Händen etwas zusammendrücken, damit später kleine knusprige Stücke entstehen, anschließend gleichmäßig auf dem Backblech verteilen.

Die Backofentemperatur auf 180 °C reduzieren und das Granola im heißen Ofen (Mitte) 18–20 Minuten knusprig backen.

Quinoa-Kürbis-Granola

Wenn sich die Granola-Vorräte zum Ende neigen und ich die Zeit lieber draußen als drinnen verbringe, ist dieses Granola perfekt, denn es ist im Handumdrehen zubereitet.

ZUTATEN
für 1 Glas (à 500 ml)

120 g geschälte Quinoa
40 g Kürbiskerne
60 g geschälter Sesam
2 EL Kokosöl
4 EL Ahornsirup
Salz

Ein Backblech mit Backpapier auslegen.

Die Quinoa in ein feinmaschiges Sieb geben und so lange unter fließendem Wasser abspülen, bis das Wasser klar ist. Anschließend sehr gut abtropfen lassen. Die Kürbiskerne mit einem scharfen Messer hacken und zusammen mit der Quinoa und den restlichen Zutaten sowie 1 Prise Salz in eine Pfanne geben. Bei mittlerer Hitze unter ständigem Rühren 10–12 Minuten rösten und karamellisieren lassen. Anschließend den Herd ausschalten, das Granola auf das vorbereitete Backblech geben und auskühlen lassen. Die Flüssigkeit sollte dabei fest werden.

Große Stücke etwas zerkleinern und das Granola in ein Einmachglas füllen. Luftdicht verschlossen hält es sich 2 Wochen.

Hirse-Buchweizen-Brot mit Möhren

ZUTATEN
für 1 Kastenform

- 140 g Hirse
- 110 g Buchweizen
- 120 g Möhren
- 115 g Hirseflocken (alternativ Kleinblatt-Haferflocken)
- 10 g Flohsamen
- 10 g Chia-Samen
- 10 g Hanfsamen
- 2 TL Backpulver
- 50 ml flüssiges Kokosöl
- 1 TL Salz
- 1 TL Ahornsirup
- 4 EL geschälter Sesam

Was gibt es Schöneres als den Duft von frisch gebackenem Brot? Vielleicht das Geräusch, wenn die scharfe Klinge des Messers die Kruste durchschneidet? Oder der erste Biss in das noch lauwarme Brot? So oder so: Es macht Spaß, Brot selber zu backen. Hier und auf den folgenden Seiten findest du drei wunderbar reichhaltige und saftige Brotkreationen aus glutenfreiem Getreide, Pseudogetreide, Körnern, Samen und Nüssen.

Die Hirse und den Buchweizen in ein großes Einmachglas (à 1000 ml) geben, mit Wasser auffüllen und verschließen. Über Nacht einweichen lassen und am nächsten Tag in ein feinmaschiges Küchensieb abgießen. Anschließend unter fließendem Wasser gut abspülen und abtropfen lassen.

Eine Kastenform (23 cm x 12 cm) mit Backpapier auslegen. Die Möhren schälen und mithilfe einer Küchenreibe fein raspeln.

Den abgetropften Hirse-Buchweizen-Mix mit 220 ml Wasser und den restlichen Zutaten, bis auf die Möhren und den Sesam, in einen Standmixer geben und auf niedriger Stufe vermengen. Dabei nicht zu fein mixen, das Getreide sollte noch körnig bleiben. Anschließend die geriebenen Möhren untermengen.

Die Mischung in die vorbereitete Kastenform geben und gleichmäßig verteilen. Den Sesam darüber streuen und leicht andrücken. Die Masse für 15–20 Minuten ruhen lassen. In der Zwischenzeit den Backofen auf 200 °C (Ober-/Unterhitze) vorheizen.

Die Form in den heißen Ofen (Mitte) schieben und 1 Stunde 30 Minuten backen. Nach etwa 1 Stunde die Hitze auf 180 °C reduzieren.

Das fertig gebackene Brot aus dem Ofen nehmen, abkühlen lassen und aus der Form nehmen.

Quinoa-Leinsamen-Brot

ZUTATEN
für 1 Kastenform (23 cm x 12 cm)

125 g rohe Quinoa (entspricht ca. 370 g gekochter Quinoa)
50 g Chia-Samen
25 g Flohsamenschalen
95 g Leinsamen
1 Ei
120 g Sonnenblumenkerne
1 TL Ahonsirup
3 EL Olivenöl
1 ½ TL Salz

Die Quinoa in ein feinmaschiges Sieb geben und so lange unter fließendem Wasser abspülen, bis das Wasser klar ist. Anschließend mit 250 ml frischem Wasser in einen Topf geben und aufkochen lassen. Die Hitze reduzieren und die Quinoa 20–25 Minuten gar köcheln lassen. Wenn die Flüssigkeit vollständig aufgenommen wurde, die Quinoa vom Herd nehmen und auskühlen lassen.

Chia-Samen, Flohsamenschalen und Leinsamen mit 370 g gekochter Quinoa in eine große Schüssel geben und vermischen. Anschließend das Ei und 210 ml Wasser hinzufügen, untermengen und 15–20 Minuten ziehen lassen.

Den Backofen auf 200 °C (Umluft) vorheizen und eine Kastenform mit Backpapier auslegen. Die Sonnenblumenkerne mit Olivenöl, Ahornsirup und Salz zum Quinoa-Samen-Mix hinzufügen. Die Masse gut vermengen, in die vorbereitete Kastenform geben und festdrücken. Im heißen Ofen (Mitte) 1 Stunde 20 Minuten backen. Nach etwa 1 Stunde die Hitze auf 180 °C reduzieren.

Das fertig gebackene Brot aus dem Ofen nehmen, abkühlen lassen und aus der Form nehmen.

Reisbrot

ZUTATEN
für 1 Kastenform (23 cm x 12 cm)

200 g Vollkorn-Basmatireis

100 g Nerone Reis (schwarzer Reis)

100 g Kleinblatt-Haferflocken (alternativ Hirseflocken)

1 Ei

75 g Sonnenblumenkerne

30 g geschrotete Flohsamen

30 g Leinsamen

25 g Chia-Samen

30 g Hanfsamen

2 TL Backpulver

1 EL flüssiges Kokosöl

1 TL Salz

4 EL schwarzer Sesam

Den Reis in ein großes Einmachglas (à 1000 ml) oder eine verschließbare Schüssel geben Die Sonnenblumenkerne ebenfalls in ein Einmachglas (à 500 ml) geben. Beide Gläser mit Wasser auffüllen und mindestens 8 Stunden, besser über Nacht, zum Einweichen stehen lassen.

Am nächsten Tag den Reis und die Kerne jeweils in ein feinmaschiges Küchensieb abgießen, gut abspülen und abtropfen lassen. Eine Kastenform mit Backpapier auslegen.

Alle Zutaten bis auf den schwarzen Sesam mit 200 ml Wasser in einen Standmixer geben und auf niedriger Stufe vermengen. Dabei nicht zu fein mixen, die Masse sollte noch körnig sein. Anschließend in die vorbereitete Form geben und gleichmäßig verteilen. Den Sesam darüber streuen und leicht andrücken. Die Masse für 15–20 Minuten ruhen lassen.

In der Zwischenzeit den Backofen auf 200 °C (Umluft) vorheizen. Die Form in den heißen Ofen (Mitte) schieben und 1 Stunde 30 Minuten backen. Nach etwa 1 Stunde die Hitze auf 180 °C reduzieren.

Das fertig gebackene Brot aus dem Ofen nehmen, abkühlen lassen und aus der Form nehmen.

TIPP

Den Reis unbedingt zuvor einweichen, denn nur so wird das Reisbrot schön saftig. Für eine vegane Variante das Ei einfach durch 50 ml Wasser ersetzen. Anstelle von schwarzem Reis kann auch Wildreis verwendet werden, dadurch wird das Brot noch kerniger.

Grüne
Kräutersauce

Diese Sauce ist aus meiner Küche nicht mehr wegzudenken. Sie ist so vielseitig einsetzbar und verleiht den Gerichten einen erfrischenden Geschmack. Es lohnt sich, gleich die doppelte Menge zuzubereiten.

ZUTATEN
für 1 Glas (à 25 ml)

20 g frisches Basilikum
20 g frische Petersilie
15 Blätter frische Minze
1 Knoblauchzehe
2 EL Zitronensaft
50 ml Olivenöl
1 Msp. Chiliflocken (optional)
1 EL Ahornsirup
Salz

Die Kräuter waschen, trocken schütteln und die Blätter abzupfen. Den Knoblauch schälen und vierteln. Alle Zutaten mit 1 Prise Salz in einen Mixer geben und zu einer Sauce pürieren.

Geröstetes
Mandelsalz

Geröstete Mandelkerne sind so voller Aroma, dass es keinerlei anderer Zutaten bedarf, um ein gutes Gewürzsalz herzustellen. Für einen vollen Geschmack verwende ich meist ein Meer- oder Himalayasalz.

ZUTATEN
für 1 Glas (à 250 ml)

60 g Mandeln
50 g grobkörniges Salz

Die Mandeln in einer Pfanne ohne Fett bei mittlerer Hitze 6–8 Minuten rösten, kurz abkühlen lassen, dann mit dem Salz in einen Standmixer geben und bei niedriger Stufe zermahlen.

TIPP

Für Abwechslung sorgen anstelle der Mandeln Sesam oder Haselnusskerne.

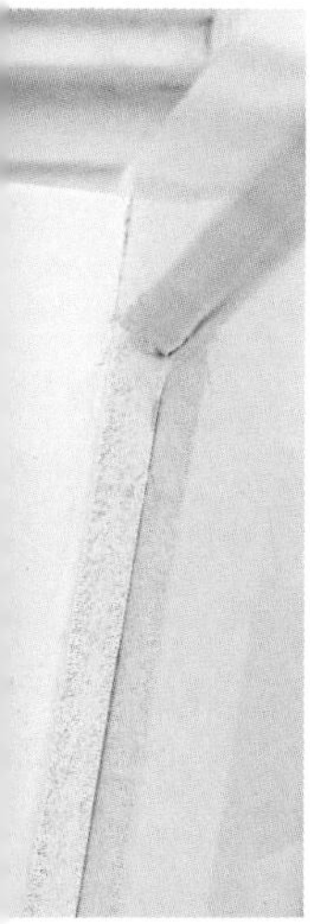

GOOD MORNING

Ich liebe den Sommer. Die Tage sind lang und die Nächte warm. Beinahe nahtlos geht ein sonniger Tag in den nächsten über, und bereits in den frühen Morgenstunden taucht die Sonne die umliegende, in Stille eingehüllte Nachbarschaft in ein faszinierendes Licht. Es ist für mich die beste Zeit im Jahr, um früh aufzustehen und schon morgens das Abenteuer im Freien zu suchen.

In der Küche weht die kühle Morgenluft durch das Fenster und vermischt sich mit dem Duft von frisch gebrühtem Kaffee. Auf dem Herd steht ein dampfender Topf mit Porridge, während ich den Frühstückstisch decke. Ich zelebriere die Zeit am Morgen, denn Frühstück ist für mich die wichtigste Mahlzeit. Ganz gleich ob süß oder pikant, es verleiht mir die Energie, die ich für den bevorstehenden Tag oder den Ausflug in die Natur benötige.

In diesem Kapitel befinden sich zahlreiche nahrhafte und sättigende Frühstücks- und Brunch-Rezepte für jeden Tag. Die meisten davon lassen sich am Vorabend zubereiten und sichern das Frühstück für mehrere Tage. Das spart Zeit am Morgen – sowohl unter der Woche als auch am Wochenende. So bleibt mehr Zeit zum Genießen mit den Liebsten am Frühstückstisch.

Pochiertes Ei
auf Quinoa-Feta-Salat

ZUTATEN
für 2 Portionen

80 g Quinoa
Salz
1 Portion Rote-Bete-Aufstrich (siehe S. 20)
100 g Feta
1 Handvoll frischer Rucola
2 EL Olivenöl
100 ml Weißweinessig
2 Eier (M)
frisch gemahlener Pfeffer

Um dem kalten Winter Mitteleuropas zu entfliehen, verbrachte ich ein paar sonnige Tage in Girona. Eine Stadt im Norden Kataloniens, die wirklich alles zu bieten hat, was das Rennrad-Herz höherschlagen lässt. Angefangen von abwechslungsreichen Rennrad-Routen, die von der Costa Brava bis zum Fuße der Pyrenäen führen, bis hin zu fahrradfreundlichen Cafés und jeder Menge gutem Essen. Kein Wunder, dass ich dort auch die Inspiration für dieses Frühstücksgericht gefunden habe.

Die Quinoa in einem feinmaschigen Sieb unter fließendem Wasser abspülen, bis das Wasser klar ist. Anschließend mit 160 ml Wasser und 1 Prise Salz in einen Topf geben und aufkochen. Die Temperatur reduzieren und die Quinoa bei niedriger Hitze 25–30 Minuten köcheln lassen, bis die Flüssigkeit vollständig aufgenommen wurde, dabei gelegentlich umrühren. Anschließend etwas abkühlen lassen.

In der Zwischenzeit den Rote-Bete-Aufstrich wie auf Seite 20 beschrieben zubereiten. Den Feta mit den Fingern zerkrümeln. Den Rucola waschen und trocken schleudern.

Den Aufstrich auf zwei Teller verteilen und mit Olivenöl beträufeln. Anschließend die gekochte Quinoa mit Feta und Rucola darauf anrichten.

Für die pochierten Eier ausreichend Wasser in einem Kochtopf zum Kochen bringen. Kurz bevor das Wasser zu sprudeln beginnt, die Hitze reduzieren. 3 TL Salz und den Weißweinessig hinzufügen. Mit einem Löffel einen Strudel im Wasser erzeugen, dann ein Ei vorsichtig am Topfrand aufschlagen und in das siedende Wasser gleiten lassen, dabei sanft weiterrühren. Das Ei für etwa 4–5 Minuten pochieren, anschließend mit einem Schaumlöffel aus dem Wasser nehmen, auf den vorbereiteten Teller legen und mit etwas Salz und Pfeffer würzen. Mit dem zweiten Ei ebenso verfahren.

TIPP

Am besten zwei Töpfe mit Wasser erhitzen und die Eier parallel pochieren, damit sie beim Servieren noch schön warm und cremig sind.

Super-Charge-
Porridge

ZUTATEN
für 2 Portionen

Für das Porridge auf Vorrat

- 800 ml Pflanzendrink (z. B. Mandeldrink)
- 40 g Kokosmehl
- 1 Msp. gemahlene Bourbon-Vanille
- Salz
- 60 g Sonnenblumenkerne
- 40 g gemahlene Mandeln
- 25 g Chia-Samen
- 35 g Leinsamen
- 1 EL Honig

Für das Topping

- 200 g frische Früchte der Saison (z. B. Erdbeeren, Kirschen, Johannisbeeren ...)
- frische Holunderblüten (optional nach Saison)
- 4 EL Naturjoghurt
- 1 Msp. gemahlene Bourbon-Vanille
- 1 TL Ahornsirup
- 4 EL Kürbiskerne

Der Name ist Programm, denn dieser Porridge ist nicht nur leicht zuzubereiten, sondern steckt auch voller geschmacklicher Überraschungen und reichlich Energie. Mein absoluter Favorit, wenn eine längere Rennradrunde geplant ist.

700 ml Pflanzendrink mit Kokosmehl, Vanille und 1 Prise Salz in einen Standmixer geben und 30 Sekunden auf höchster Stufe vermengen. Die Sonnenblumenkerne hinzufügen und auf niedriger Stufe pulsieren lassen, sodass sie nur zerkleinert, aber nicht püriert werden.

Die Flüssigkeit in einen Kochtopf geben. Gemahlene Mandeln, Chia-Samen, Leinsamen und Honig hinzufügen und aufkochen lassen. Nach und nach den restlichen Mandeldrink einrühren, dann die Hitze reduzieren und das Porridge 10 Minuten köcheln lassen, dabei ab und zu umrühren. Anschließend den Herd ausschalten und den Deckel auf den Topf geben. Für weitere 10 Minuten quellen lassen.

In der Zwischenzeit die Früchte waschen, trocken tupfen, putzen oder verlesen. Die Holunderblüten waschen und trocken schütteln. Den Joghurt mit Vanille und Ahornsirup verrühren.

2 Schalen mit je 1 Portion Porridge füllen und mit Joghurt, Früchten, Kürbiskernen und Holunderblüten nach Belieben garnieren.

TIPP

Das restliche Porridge vollständig abkühlen lassen, in einem Einmachglas im Kühlschrank aufbewahren und am nächsten Tag kalt oder warm genießen. Für ein warmes Porridge die gewünschte Menge mit etwas Pflanzendrink in einen kleinen Topf geben und erwärmen.

Smørrebrød

mit Cottage-Cheese-Kichererbsen

ZUTATEN
für 2 Portionen

- 1 Dose Kichererbsen (265 g Abtropfgewicht)
- ½ Gurke
- Salz
- 200 g körniger Frischkäse
- 2 EL Zitronensaft
- ¼ TL gemahlener Koriander
- frisch gemahlener Pfeffer
- 4 Scheiben Hirse-Buchweizen-Brot mit Möhren (siehe S. 28)

Dieses Smørrebrød mit Hüttenkäse, Kichererbsen und Gurken ist ein supersimples und schnelles Frühstück, das zudem noch voller Proteine steckt. Deshalb serviere ich es gerne auch als Snack nach dem Sport.

Die Kichererbsen in ein Küchensieb abgießen, unter Wasser abspülen und gut abtropfen lassen.

In der Zwischenzeit die Gurke waschen und mithilfe einer Küchenreibe grob in eine Schale reiben. Die Raspel mit 1 Prise Salz würzen und 5 Minuten ziehen lassen. Anschließend gut auspressen und die Flüssigkeit wegschütten.

Die Kichererbsen mit dem Frischkäse, Zitronensaft und gemahlenem Koriander in eine Schale geben und vermengen. Die Gurken hinzufügen, untermengen und mit Salz und Pfeffer abschmecken. Anschließend auf die Brotscheiben geben.

TIPP

Für etwas mehr Crunch die Brotscheiben vor dem Belegen in einer Pfanne toasten.

Hirse-Porridge

mit Honigbirnen & Granola

ZUTATEN
für 2 große Portionen

Für das Porridge

- 200 g Hirse
- 900 ml Mandeldrink
- Salz
- 1 Msp. gemahlene Bourbon-Vanille
- 1 EL Ahornsirup (optional)

Für die Honigbirne

- 1 Birne
- 2 TL Honig
- 1 TL Apfelessig

Für das Topping

- 2 EL Nordic Granola (siehe S. 26)
- 2 TL Ahornsirup
- 1 Msp. gemahlene Bourbon-Vanille
- essbare Blüten (optional)

Wärmend, sättigend und „sweet like honey"! Zugegeben, dieses Porridge benötigt etwas mehr Zeit in der Zubereitung als ein gewöhnliches Porridge aus Flocken. Deshalb bereite ich immer gleich eine größere Portion zu, und bewahre die Reste in einem Einmachglas im Kühlschrank auf. Je nach Jahreszeit wärme ich mir kleinere Portionen nochmals auf oder genieße es kalt. Den leicht nussigen Geschmack der Hirse rundet die süße der Honigbirne ab.

Die Hirse in ein großes Einmachglas (à 1000 ml) oder eine verschließbare Schüssel geben, mit Wasser auffüllen und mindestens 4 Stunden, am besten über Nacht, einweichen.

Am nächsten Tag die Hirse in ein feinmaschiges Küchensieb abgießen, gut abspülen und mit dem Mandeldrink und 1 Prise Salz in einen Standmixer geben. Auf mittlerer Stufe grobkörnig zerkleinern, anschließend in einen Topf geben und aufkochen lassen. Dann die Hitze reduzieren und das Hirse-Porridge 20–25 Minuten köcheln lassen, dabei gelegentlich umrühren. Kurz vor Ende der Kochzeit die Vanille zugeben und das Porridge mit Ahornsirup nach Belieben süßen.

In der Zwischenzeit für die Honigbirne die Birne schälen und halbieren. Mit Honig, Apfelessig und 200 ml Wasser in einen Topf geben, aufkochen lassen, die Hitze reduzieren und die Birnenhälften 15 Minuten ziehen lassen. Anschließend in feine Spalten schneiden.

Je nach Appetit entweder das Ganze oder nur die Hälfte des noch warmen Hirse-Porridges auf zwei Schüsseln verteilen, mit Birnenspalten und Granola garnieren, mit Vanille und Ahornsirup würzen. Nach Belieben mit essbaren Blüten dekorieren.

TIPP

Das restliche Porridge vollständig abkühlen lassen, in einem Einmachglas im Kühlschrank aufbewahren und am nächsten Tag kalt oder warm genießen. Für ein warmes Porridge die gewünschte Menge mit etwas Mandeldrink in einen kleinen Topf geben und erwärmen.

Birchermüsli

ZUTATEN
für 2 große Portionen

Für das Birchermüsli

- 1 Apfel
- 120 g Kleinblatt-Haferflocken
- 20 g Hanfsamen
- 30 g Leinsamen
- 30 g Chia-Samen
- 40 g Kürbiskerne
- 50 g Sonnenblumenkerne
- 650 ml Mandeldrink
- 1 Msp. gemahlene Bourbon-Vanille
- 2 EL Ahornsirup (optional)

Für das Topping

- 150 g frische Heidelbeeren oder Früchte der Saison
- 50 g Brombeeren oder Früchte der Saison
- 200 g griechischer Joghurt (alternativ Skyr oder eine pflanzliche Joghurtalternative)
- 2 EL Kürbiskerne
- 2 TL Sesam
- 2 EL Ahornsirup (optional, alternativ Honig)

Dieses Birchermüsli ist genau das Richtige, wenn der Sommer so richtig in Fahrt ist und eine Extraportion Energie für die Abenteuer in den Bergen benötigt wird. Das Müsli ist einfach gemacht und kann jeden Tag aufs Neue variiert werden. Eine Birne statt einem Apfel, Dinkel- statt Haferflocken oder eine Prise Zimt statt Vanille – et voilà.

Den Apfel waschen, vierteln und entkernen, anschließend mit einer Küchenreibe fein reiben.

Die Haferlocken mit den Hanfsamen, Leinsamen und Chia-Samen in eine große Schüssel geben.

Die Kürbis- und Sonnenblumenkerne mit 550 ml Mandeldrink und der Vanille in einen Standmixer geben und auf kleiner Stufe grob zerkleinern. Anschließend zu den trockenen Zutaten in die Schüssel geben und gut vermengen. Nach Belieben mit Ahornsirup süßen und mindestens 1 Stunde oder über Nacht in den Kühlschrank stellen. Das gekühlte Birchermüsli mit 100 ml Mandeldrink verrühren.

Für das Topping die Beeren waschen, trocken tupfen und ggf. halbieren. Je nach Appetit entweder die Hälfte oder das ganze Birchermüsli auf zwei Schüsseln aufteilen und mit Beeren, Joghurt, Kürbiskernen, Sesam und Ahornsirup nach Belieben garnieren. Restliches Birchermüsli hält sich im Kühlschrank 2 Tage.

Reis-Congee
mit Bananen-Schoko-Pudding

ZUTATEN
für 2 Portionen

Für den Reisbrei auf Vorrat

- 150 g Brauner Reis
- Salz
- 950 ml Mandeldrink
- 1 Msp. gemahlene Bourbon-Vanille
- 2 EL Ahornsirup (optional)

Für den Schoko-Bananen-Pudding

- 2 reife Bananen
- 2 EL Backkakao
- 3 TL Mandel- oder Erdnussmus

Für das Topping

- frische Früchte (z. B. Himbeeren, Johannisbeeren ...)
- 2 TL Ahornsirup

Hongkong ist geprägt von Hochhäusern mit kleinen Wohnungen, Marktständen, überfüllten Straßen, großen Frachtschiffen im Hafen und luxuriösen Einkaufszentren. Acht Stunden während meines Stop-overs auf dem Weg nach Neuseeland waren ausreichend, um das spektakuläre Geschehen der Metropole zu erleben und in den kulinarischen Genuss vielzähliger asiatischer Gerichte zu kommen. Eines davon war Congee. Es auf traditionelle Art zuzubereiten, dauert Stunden. Diese Variante hier ist wesentlich schneller. Anstelle von Gemüse und Pilzen habe ich mich für eine Handvoll Beeren und Schokoladenpudding entschieden.

Den Reis in ein großes Einmachglas (à 1000 ml) oder eine verschließbare Schüssel geben, mit Wasser auffüllen und mindestens 8 Stunden, am besten aber über Nacht, einweichen.

Am nächsten Tag den Reis in ein feinmaschiges Küchensieb abgießen, gut abspülen, mit 50 ml Wasser und 1 Prise Salz in einen Standmixer geben und auf mittlerer Stufe grobkörnig zerkleinern. Anschließend in einen Topf geben und aufkochen lassen. Die Hitze reduzieren und den Reisbrei 20–25 Minuten köcheln lassen, dabei gelegentlich umrühren. Die Vanille einrühren und den Brei kurz vor Ende der Garzeit mit Ahornsirup nach Belieben süßen.

In der Zwischenzeit für den Schoko-Bananen-Pudding die Bananen schälen, mit dem Backkakao und Nussmus in einen Standmixer geben und auf höchster Stufe zu einem cremigen Pudding mixen.

Die Früchte waschen, trocken tupfen und putzen oder verlesen. Die Hälfte des noch warmen Reisbreis auf zwei Schüsseln verteilen und mit Pudding, frischen Beeren und etwas Ahornsirup garnieren.

TIPP

Den restlichen Reisbrei in ein Einmachglas füllen. Im Kühlschrank ist er 2 Tage haltbar und kann sowohl kalt als auch warm serviert werden. Für ein warmes Congee die gewünschte Menge mit etwas Mandeldrink in einen kleinen Topf geben und erwärmen.

Belgische
Waffeln

ZUTATEN
für 6 Waffeln

Für den Waffelteig

- 100 g Hafermehl
- 100 g glutenfreies Universalmehl
- 60 g Kokosblütenzucker
- 2 TL Backpulver
- 1 Msp. gemahlene Bourbon-Vanille
- Salz
- 50 g Butter
- 2 Eier (M)
- 150–200 ml Mandeldrink
- Öl zum Backen

Für das Topping

- 1 Banane
- 4 EL Skyr (oder eine Kokos-Joghurtalternative)
- 2 TL Erdnusscreme (alternativ Mandelcreme)
- 2 TL Kürbiskerne
- 2 EL Ahornsirup

Mal ehrlich: Was könnte besser sein, als ein bisschen Sonnenschein, eine Tasse Kaffee mit cremigem Milchschaum obendrauf und eine Portion Waffeln frisch aus dem Eisen? Vielleicht der Gedanke, anschließend in die Rennradpedale zu treten und den Alltag im Bann der atemberaubenden Landschaft hinter sich zu lassen. Nicht zu vergessen: das Waffelsandwich (siehe Tipp) für unterwegs!

Die Eier und die Butter aus dem Kühlschrank nehmen, damit sie Raumtemperatur annehmen.

Für den Teig die beiden Mehlsorten mit Kokosblütenzucker, Backpulver, Vanille und 1 Prise Salz in eine Schüssel geben und miteinander vermengen. In einer zweiten Schüssel die Butter mit den Eiern cremig aufschlagen. Den Mandeldrink und die trockenen Zutaten hinzufügen und alles zu einem glatten Teig vermengen.

Das Waffeleisen mit etwas Öl bestreichen und erhitzen. Den Teig portionsweise im heißen Waffeleisen ausbacken.

In der Zwischenzeit für das Topping die Banane schälen und in feine Scheiben schneiden. Je 1–2 Esslöffel Skyr oder Kokos-Joghurtalternative auf den Teller geben, je eine Waffel darauflegen und mit je 1 TL Nusscreme, der Hälfte Bananenscheiben, 1 TL Kürbiskernen und 1 EL Ahornsirup garnieren.

TIPP

Waffelsandwich
Für 2 Waffelsandwichs jeweils 1 Waffel halbieren, eine Hälfte mit je 1 TL Nusscreme oder Marmelade nach Wahl bestreichen und mit der anderen Waffelhälfte abdecken. Anschließend in ein Bienenwachstuch oder ein Butterbrotpapier einwickeln.

Smashed Avo-Brot
auf Rote-Bete-Aufstrich

ZUTATEN
für 2 Portionen

- 1 Portion Rote-Bete-Aufstrich (siehe S. 20; statt der Bohnen Kichererbsen verwenden)
- 1 Avocado
- ½ Limette
- ½ TL Ahornsirup
- 1 Msp. Chiliflocken
- Salz, frisch gemahlener Pfeffer
- 3 Scheiben Reisbrot (siehe S. 31)
- 2 essbare Blüte (optional)
- 2 Zweige frischer Thymian
- ein paar Blätter Salat (z. B. Rucola)
- 1 TL schwarzer Sesam
- 2 TL Olivenöl

An manchen Tagen hat es etwas ungemein Gemütliches, bis in den Vormittag zu schlafen und den Tag mit einem guten Brunch zu starten, bevor es raus ins Grüne geht. Dann darf es gerne auch etwas Pikantes sein.

Den Rote-Bete-Aufstrich wie auf S. 20 beschrieben zubereiten, anstelle der Bohnen jedoch Kichererbsen verwenden. Den Aufstrich anschließend auf 2 Teller verteilen.

Die Avocado halbieren, vom Kern befreien, das Fruchtfleisch mit einem Löffel herauslösen, in eine Schale geben und mithilfe einer Gabel zerdrücken. Die Limette auspressen und den Saft mit Ahornsirup, Chiliflocken und je 1 Prise Salz und Pfeffer würzen.

Zwei Scheiben Reisbrot mit dem Avocadomus bestreichen. Je eine Scheibe auf den Rote-Bete-Hummus legen und mit einer essbaren Blüte nach Belieben garnieren. Die dritte Scheibe halbieren und je eine Hälfte dazulegen.

Den Thymian und die Salatblätter waschen und trocken schütteln, die Thymianblätter abzupfen. Das Avo-Brot mit Thymian, Salatblättern, schwarzem Sesam und Olivenöl garnieren.

Pancakes
mit Vanille-Joghurt und Beeren

ZUTATEN
für 6–8 Stück

Für die Pancakes

- 90 g Kichererbsenmehl
- 45 g gemahlene Mandeln
- 2 TL Backpulver
- 2 reife Bananen
- 3 Eier (M)
- 1 EL Kokosöl
- 3 EL Ahornsirup (optional)
- 2 TL Butter zum Braten

Für das Topping

- 250 g Naturjoghurt (oder eine pflanzliche Joghurtalternative)
- 1 Msp. gemahlene Bourbon-Vanille
- Ahornsirup (optional)
- 2 Handvoll frische Früchte der Saison (z. B. Kirschen, Heidelbeeren, Stachelbeeren und Johannisbeeren)
- 2 TL Honig

Es geht nichts über eine Portion Pancakes mit Joghurt, frischen Beeren und jeder Menge Honig. Für dieses Rezept habe ich Kichererbsenmehl verwendet, denn es ist nicht nur reich an Eiweiß und Ballaststoffen, sondern verleiht den Pancakes auch einen angenehmen leicht nussigen Geschmack. Bleiben Pancakes beim Frühstück übrig, packe ich sie mir in Butterbrotpapier für unterwegs ein. So passen sie sogar in die Taschen meines Radtrikots. Oder ich gebe sie gemeinsam mit Obst, Nüssen und etwas Zartbitterschokolade in meine Wander-Jausenbox.

Das Kichererbsenmehl mit den gemahlenen Mandeln und Backpulver in eine Schale geben und vermengen.

Die Bananen schälen, dritteln und mit den Eiern, dem Kokosöl und Ahornsirup nach Belieben in einen Standmixer geben. Alles zu einer cremigen Masse pürieren. Alternativ die Bananen in eine Schüssel geben und mit einer Gabel zerdrücken, dann die Eier, Kokosöl und Ahornsirup hinzufügen und gut verrühren. Die trockenen Zutaten zu den feuchten hinzufügen und alles zu einem homogenen Teig vermengen.

Die Butter in eine Pfanne geben und schmelzen lassen. Den Teig portionsweise in die heiße Pfanne geben und von beiden Seiten bei mittlerer Hitze 3–4 Minuten goldbraun braten, anschließend warmhalten.

Für das Topping den Joghurt mit der Vanille vermengen. Nach Geschmack mit etwas Ahornsirup süßen. Die Früchte waschen, trocken tupfen und putzen oder verlesen.

Jeweils 3–4 Pancakes auf einen Teller geben. Mit Joghurt, frischen Früchten und Honig garnieren.

Apfel-Beeren-Grieß-
Crumble

ZUTATEN
für 1 Auflaufform

Für den Crumble

- 250 g Maisgrieß
- 3 große Äpfel
- 250 g TK-Beeren
- 250 g Kleinblatt-Haferflocken
- 50 g gemahlene Mandeln
- 1 Msp. gemahlene Bourbon-Vanille
- 100 ml Ahornsirup
- 500 ml Mandeldrink
- 3 Eier (M)

Für das Topping

- 300 g Naturjoghurt (oder eine pflanzliche Joghurtalternative)
- 2 TL Kürbiskerne
- 1 Prise gemahlene Bourbon-Vanille (alternativ gemahlener Zimt)
- 2 TL Ahornsirup

Ich liebe ein gutes Frühstück und probiere deshalb auch gerne mal etwas Neues aus. Dieses Rezept ist ganz zufällig entstanden. Eigentlich wollte ich meinen klassischen Apfel-Beeren-Crumble zubereiten. Doch stattdessen habe ich ein bisschen experimentiert und aus dem vom Vortag übrig gebliebenen Maisgrieß diesen Grieß-Crumble gebacken. Für Beeren hatte ich immer schon eine Schwäche, kein Wunder also, dass diese auch in diesem Crumble nicht fehlen durften.

900 ml Wasser in einen Kochtopf zum Kochen bringen. Die Hitze reduzieren, den Maisgrieß einrühren und unter ständigem Rühren ca. 20 Minuten köcheln lassen, bis die Flüssigkeit komplett aufgesogen ist. Anschließend vom Herd nehmen und vollständig auskühlen lassen.

Den Backofen auf 200 °C (Ober-/Unterhitze) vorheizen.

Die Äpfel waschen, vierteln, entkernen und mithilfe einer Küchenreibe fein reiben. Gemeinsam mit den TK-Beeren in eine Schüssel geben und vermengen.

Für das Topping die Haferflocken mit den gemahlenen Mandeln, Vanille und Ahornsirup in eine Schüssel geben und vermengen. Die Masse mit den Händen etwas zusammendrücken, damit später kleine knusprige Stücke entstehen.

Den kalten Maisgrieß mit dem Mandeldrink in einen Standmixer geben, die Eier hinzufügen, und alles auf hoher Stufe cremig pürieren. Anschließend die Mischung in eine Auflaufform (32 cm x 20 cm) geben, die geriebenen Äpfel und die Beeren darauf verteilen und mit dem Haferflocken-Mandel-Crumble gleichmäßig bestreuen. Im heißen Ofen (Mitte) 35–40 Minuten backen. Anschließend etwas abkühlen lassen.

In der Zwischenzeit den Joghurt auf 2 Schüsseln aufteilen. Je 1 Portion lauwarmen Maisgrieß-Crumble darauf geben und mit Kürbiskernen, Vanille oder Zimt und Ahornsirup garnieren.

Die restlichen 2–4 Portionen halten sich im Kühlschrank zugedeckt 2 Tage.

Sweet & Savory
Toast

ZUTATEN
für 2 Portionen

Für den Sweet Toast

- 4 EL Tahin (Sesammus)
- 2 TL Honig
- Salz
- 2 Msp. gemahlene Bourbon-Vanille
- ½ Pfirsich
- 1 EL Pistazien
- 1 Stängel frischer Majoran
- 2 Scheiben Quinoa-Leinsamen-Brot (siehe S. 30)

Für den Savory Toast

- 1 Portion Parmesan-Ricotta-Aufstrich (siehe S. 21)
- ½ Pfirsich
- 1 EL Pistazien
- 1 Stängel frischer Majoran
- 2 Scheiben Quinoa-Leinsamen-Brot (siehe S. 30)
- frisch gemahlener Pfeffer

Für den Sweet Toast Tahin, Honig, 1 Prise Salz und 1 Msp. gemahlene Vanille zu einem cremigen Aufstrich verrühren. Die Pfirsichhälfte waschen und in dünne Spalten schneiden. Die Pistazien mithilfe eines scharfen Messers hacken. Den Majoran waschen, trocken schütteln und die Blättchen abzupfen.

Die Brotscheiben in einer Pfanne ohne Fett bei mittlerer Hitze rösten. Anschließend mit dem Tahin-Honig-Aufstrich bestreichen, mit Pfirsichspalten belegen und mit Majoranblättchen, gehackten Pistazien und 1 Msp. gemahlener Vanille garnieren.

Für den Savory Toast den Parmesan-Ricotta-Aufstrich wie auf Seite 21 beschrieben zubereiten.

Die Pfirsichhälfte waschen und in dünne Spalten schneiden. Die Pistazien mithilfe eines scharfen Messers hacken. Den Majoran waschen, trocken schütteln und die Blättchen abzupfen.

Die Brotscheiben in einer Pfanne ohne Fett bei mittlerer Hitze rösten. Anschließend mit Parmesan-Ricotta-Aufstrich bestreichen, mit Pfirsichspalten belegen und mit Majoranblättchen, gehackten Pistazien und 1 Prise Pfeffer garnieren.

Rote-Bete-Himbeer-Püree mit Overnight Oats

ZUTATEN
für 2 Portionen

Für das Püree

- 1 Rote Bete (ca. 100 g)
- 240 g frische Himbeeren (alternativ TK-Himbeeren)
- ½ Apfel
- 2 EL Ahornsirup

Für die Overnight Oats

- 100 g Kleinblatt-Haferflocken (alternativ Hirseflocken)
- 30 g gepuffter Amarant
- 25 g Leinsamen
- 1 EL Hanfsamen
- 1 EL Chia-Samen
- 400–450 ml Vollmilch (alternativ Pflanzendrink)

Für das Topping

- 6 frische Himbeeren
- 4 frische Blätter Minze
- 2 EL Erdnussmus (alternativ Mandelmus)
- 2 EL Schnelles Quinoa-Kürbis-Granola (siehe S. 27)

Rote Bete ist im Ausdauersport längst kein Geheimtipp mehr, denn sie ist reich an wichtigen Nährstoffen wie Magnesium und Eisen. Und auch wenn das knallige Gemüse im Müsli auf den ersten Blick etwas ungewöhnlich wirkt, harmoniert der erdige Geschmack der Roten Bete wunderbar mit dem frisch-fruchtigen Geschmack der Himbeere und der süß-sauren Note des Apfels.

Die Rote Bete schälen, dabei nach Bedarf Einweghandschuhe tragen, und in Stücke schneiden. Die frischen Himbeeren waschen und trocken tupfen. Den Apfel schälen, entkernen und in grobe Würfel schneiden. Die Rote Bete mit den Himbeeren, den Apfelstücken und dem Ahornsirup in einen Standmixer geben und glatt pürieren.

Für die Overnight Oats alle Zutaten in eine Schüssel geben und miteinander vermengen. Etwa ¼ des Rote-Bete-Himbeer-Pürees hinzufügen und untermengen. Die Oats für mindestens 30 Minuten, am besten über Nacht, im Kühlschrank ziehen lassen. Restliches Püree ebenfalls im Kühlschrank lagern.

Die Himbeeren und die Minzeblättchen waschen und trocken tupfen. Zum Anrichten das restliche Rote-Bete-Himbeer-Püree auf 2 Gläser oder Schüsseln aufteilen, dabei 2 EL Püree für das Topping übrig lassen. Die Overnight Oats auf das Püree geben und mit je 1 EL Nussmus sowie Püree, frischen Himbeeren und Minzeblättchen garnieren.

TIPP

Das Rote-Bete-Himbeer-Püree durch ein Fruchtpüree der Fruchtjoghurts von Seite 14 ersetzen.

Möhren-Apfel-
Crumble

ZUTATEN
für 1 Auflaufform

Für das Topping

135 g Quinoa
60 g Kürbiskerne
2 EL Kokosöl
60 g Sesam
3 EL Ahornsirup

Für den Crumble

3 Möhren (ca. 165 g)
1 Apfel (ca. 130 g)
220 g Kleinblatt-Haferflocken
65 g Rosinen
3 Eier (M)
300 ml Mandeldrink
1 TL Backpulver
¼ TL gemahlene Bourbon-Vanille
½ TL gemahlener Zimt
2 EL Ahornsirup

Wenn die Tage länger werden und der Balkon sich in ein Freiluftesszimmer verwandelt, ist dieses Crumble eine gute Wahl, um in den Tag zu starten. Es ist für mich die perfekte Abwechslung zum morgendlichen Porridge und lässt sich zudem am Vorabend wunderbar vorbereiten. So bleibt am Morgen mehr Zeit zum Genießen und Planen der Tour. Zum Crumble serviere ich gerne einen großen Löffel cremiges Naturjoghurt und eine Handvoll frische Beeren.

Den Backofen auf 200 °C (Ober-/Unterhitze) vorheizen. Für das Topping die Quinoa in einem feinmaschigen Küchensieb mit Wasser abspülen und sehr gut abtropfen lassen.

In der Zwischenzeit die Möhren schälen und fein reiben. Den Apfel waschen, vierteln, entkernen und ebenso fein reiben. Beides mit den Haferflocken und den Rosinen in eine große Schüssel geben.

Die Eier in eine Schüssel aufschlagen und mit Mandeldrink, gemahlener Vanille, Zimt und Ahornsirup mit einem Schneebesen verquirlen. Die flüssigen Zutaten zu den trockenen geben und gut vermengen. Anschließend in eine Auflaufform (32 cm x 20 cm) geben und gleichmäßig verteilen.

Die Kürbiskerne mit einem scharfen Messer hacken. Das Kokosöl in einer Pfanne erhitzen. Die Kürbiskerne mit Quinoa, Sesam und Ahornsirup dazugeben und bei mittlerer Hitze unter ständigem Rühren 10–12 Minuten rösten. Das Topping anschließend gleichmäßig über der Möhren-Apfel-Masse in der Auflaufform verteilen. Den Crumble im heißen Backofen (Mitte) 35–40 Minuten backen. 2 Portionen Crumble auf 2 Teller verteilen und heiß servieren. Die restlichen 2–4 Portionen halten sich im Kühlschrank zugedeckt 2 Tage.

TIPP

Für Abwechslung sorgt das Topping des Apfel-Beeren-Grieß-Crumble von Seite 56.

Bananen-Haselnuss-Frühstückskuchen

ZUTATEN
für 1 Springform

Für den Kuchen

- 3 reife Bananen
- 4 Eier (M)
- 1 EL Kokosöl
- 50 ml Ahornsirup
- 90 g Hafermehl
- 40 g Kichererbsenmehl
- 100 g gemahlene Haselnusskerne
- 2 TL Backpulver
- 1 Msp. gemahlene Bourbon-Vanille
- Salz

Für das Topping

- 250 g Quark
- ¼ TL gemahlene Bourbon-Vanille
- 3 EL Honig
- 1 Banane
- 30 g Haselnusskerne

Wer kann zu einem großen Stück saftigen Bananen-Haselnuss-Kuchen mit einer ordentlichen Portion Quark-Vanille-Creme mit süßem Honig schon Nein sagen? Es ist, als würde man den Nachtisch bereits zum Frühstück essen. Ich backe den Kuchen meist am Vorabend und lasse die Creme über Nacht im Kühlschrank ziehen. Am nächsten Morgen steht der Kuchen, bis auf ein paar wenige Handgriffe, für das das Frühstück bereit.

Den Backofen auf 200 °C (Ober-/Unterhitze) vorheizen. Eine Springform mit Backpapier auslegen.

Die Bananen schälen und dritteln. Die Eier in einen Standmixer aufschlagen, die Bananenstücke mit dem Kokosöl und dem Ahornsirup dazugeben und cremig pürieren.

In einer Schüssel das Hafermehl mit Kichererbsenmehl, gemahlenen Haselnusskernen, Backpulver, Vanille und 1 Prise Salz vermischen. Die feuchten Zutaten zu den trockenen geben und zu einem glatten Teig vermengen, anschließend in die Springform (Ø 26 cm) füllen und glatt streichen.

Den Kuchen in den heißen Ofen (Mitte) schieben und 35–40 Minuten backen.

In der Zwischenzeit für das Topping den Quark mit der Vanille und 2 EL Honig glattrühren. Die Banane schälen und in Scheiben schneiden. Die Haselnusskerne grob hacken.

Den fertig gebackenen Frühstückskuchen aus dem Ofen nehmen, leicht abkühlen lassen, aus der Form lösen und vollständig auskühlen lassen. Mit Quark bestreichen und mit Bananenscheiben, Haselnüssen und 1 EL Honig garnieren.

TIPP

Für etwas Abwechslung sorgt Buchweizenmehl anstelle des Hafermehls.

Three-Grain-
Porridge mit gerösteten Erdbeeren

ZUTATEN
für 2 Portionen

Für das Topping

- 1 Portion Erdbeerkompott mit schwarzem Pfeffer aus dem Backofen (siehe S. 16)
- 200 g Naturjoghurt (alternativ Skyr oder eine pflanzliche Joghurtalternative)
- 2 EL Cashewkerne
- 2 TL Ahornsirup
- getrocknete Blüten (optional)

Für das Porridge

- 55 g Quinoa
- Salz
- 1 Msp. gemahlene Bourbon-Vanille
- 1 EL Ahornsirup
- 60 g glutenfreie Kleinblatt-Haferflocken
- 40 g gepuffter Amarant
- 200–250 ml Mandeldrink

Das Erdbeerkompott wie auf Seite 16 beschrieben zubereiten.

Für das Porridge die Quinoa in einem feinmaschigen Sieb unter fließendem Wasser abspülen, bis das Wasser klar ist. Anschließend mit 150 ml Wasser und 1 Prise Salz in einen Topf geben und aufkochen lassen. Die Hitze reduzieren und die Quinoa 20 Minuten köcheln lassen. Gegen Ende der Kochzeit die Vanille und den Ahornsirup einrühren, bei Bedarf noch etwas Wasser hinzufügen. Wenn die Flüssigkeit vollständig aufgenommen wurde, die Quinoa vom Herd nehmen und auskühlen lassen.

Die gekochte Quinoa mit Haferflocken, Amarant und Mandeldrink in eine Schüssel geben, miteinander vermengen und 10 Minuten ziehen lassen. In der Zwischenzeit für das Topping die Cashewkerne mit einem Messer grob hacken.

Das Porridge auf zwei Schüsseln aufteilen und mit Joghurt, Erdbeerkompott, Cashewkernen, Ahornsiurp und getrockneten Blüten nach Belieben garnieren.

TIPP

Die Quinoa und das Erdbeerkompott am besten schon am Vorabend kochen, dann steht das Frühstück in Nullkommanix auf dem Tisch.

Spinat-Pancakes
mit Spiegelei

ZUTATEN
für 2 Portionen

Für den Aufstrich

35 g Bergkäse

250 g Quark

Salz, frisch gemahlener Pfeffer

Für die Pancakes

65 g Bergkäse

50 g Baby-Spinat

2 Eier (M)

70 g Dinkelmehl (Type 630)

150 ml Vollmilch (alternativ Pflanzendrink)

Salz, frisch gemahlener Pfeffer

Butter zum Braten

Für die Spiegeleier

Butter zun Braten

2 Eier

etwas frische Kräuter (z. B. Oregano, Petersilie, Schnittlauch oder Basilikum)

1 Msp. Chiliflocken

Salz, frisch gemahlener Pfeffer

Für den Aufstrich den Bergkäse mit einer Küchenreibe fein reiben, mit dem Quark in einer Schüssel vermengen und mit Salz und Pfeffer abschmecken.

Für die Pancakes den Bergkäse ebenfalls fein reiben, den Spinat waschen und trocken schleudern. Die Eier aufschlagen und zusammen mit dem Käse, dem Spinat, dem Mehl und der Milch in einen Standmixer geben und zu einem glatten Teig verarbeiten. Mit Salz und Pfeffer würzen.

Etwas Butter in einer großen Pfanne schmelzen lassen und gut verteilen. Eine kleine Schöpfkelle Teig in die Pfanne geben, den Teig durch Schwenken gleichmäßig am Pfannenboden verteilen, und bei mittlerer Hitze 2–3 Minuten backen. Anschließend wenden und für 1 weitere Minute backen. Den fertig gebackenen Pancake warmhalten. Aus dem restlichen Teig weitere Pancakes backen und ebenfalls warmhalten.

Für die Spiegeleier etwas Butter in der Pfanne schmelzen lassen und gut verteilen. Die Eier vorsichtig am Pfannenrand aufschlagen, in die Pfanne geben und für 4–5 Minuten bei mittlerer Hitze zu Spiegeleiern braten. Derweil die Kräuter waschen, trocken schütteln, die Blättchen abzupfen oder nach Bedarf fein schneiden.

Zum Servieren die Pancakes auf einen Teller geben, je 1 EL Aufstrich darauf verteilen, ein Spiegelei darauflegen und mit frischen Kräutern, Chili, je 1 Prise Salz und Pfeffer garnieren.

Creamy Banana
Coffee

Dieser cremige Smoothie nimmt am Morgen gerade einmal ein paar Minuten in Anspruch, steckt aber voller Energie. Verfeinert mit etwas Proteinpulver ist er nicht nur ein schnelles Frühstück, sondern auch ein perfekter Recovery-Drink nach dem Sport.

ZUTATEN
für 2 Portionen

- 2 Bananen
- 2 getrocknete Medjool-Datteln
- 2 Tassen Espresso
- 600 ml Mandeldrink
- 2 TL Backkakao
- 2 EL Proteinpulver (optional)
- 2 essbare Blüte (optional)

Die Bananen schälen und mit den Datteln, dem Espresso, 500 ml Mandeldrink, Kakao und Proteinpulver nach Belieben in einen Standmixer geben. Alles zu einem cremigen Smoothie mixen und gleichmäßig auf zwei Gläser aufteilen.

100 ml Mandeldrink mithilfe eines Milchaufschäumers zu Milchschaum verarbeiten und auf den Smoothie geben. Nach Belieben mit essbaren Blüten dekorieren.

Apfel-Hafer-
Smoothie

Dieser Smoothie wird aus Zutaten zubereitet, die man ohnehin zu Hause hat. Verfeinert mit einem Esslöffel Nussmus oder einer Handvoll Beeren ist er gleich noch ein bisschen energie- und nährstoffreicher.

ZUTATEN
für 2 Portionen

- 2 Äpfel
- 120 g Kleinblatt-Haferflocken
- 500 ml Haferdrink
- 1 Prise gemahlener Zimt

Die Äpfel waschen, vierteln und entkernen. Zusammen mit den restlichen Zutaten in einen Standmixer geben und zu einem cremigen Smoothie mixen. Den Smoothie gleichmäßig auf zwei Gläser aufteilen. Nach Belieben noch mit etwas Zimt garnieren.

Immunbooster

Unabhängig davon, ob ich mein Immunsystem stärken möchte oder eine Erkältung im Anmarsch ist, dieser Booster ist meine erste Wahl.

ZUTATEN
für 2 Portionen

- 4 cm Ingwer
- 2 Zitronen
- 250 ml Wasser
- 100 ml Apfelsaft

Den Ingwer schälen. Die Zitronen auspressen. Alle Zutaten in einen leistungsstarken Standmixer geben und auf höchster Stufe zu einem Smoothie mixen. Den Immunbooster gleichmäßig auf zwei Gläser aufteilen.

SNACKS FÜR UNTERWEGS

Mein Atem fließt schneller und mein Herz pumpt wild. Meine Finger umklammern den Lenker meines Rennrads, während die Landschaft an mir vorbeizieht. Der Weg führt mich über unzählige Serpentinen zur Passhöhe. Zuerst Wiesen, dann Wälder und schlussendlich riesige Felsgiganten, die mir einen atemberaubenden Blick auf die alpine Bühne bieten. Auf der Passhöhe blicke ich sehnsüchtig zum Gipfel, während ich mir aus meiner Trikottasche meinen Proviant zur Stärkung auspacke. Wie es wohl ist, dort oben zu sitzen und in den Moment einzutauchen? Umgeben von der Stille, der Weite, dem Nichts ...

Eines ist sicher: Abenteuer im Freien machen hungrig! Deshalb befinden sich in diesem Kapitel zahlreiche Snacks, die für genügend Energie beim Wandern, Radfahren und bei gemütlichen Ausflügen sorgen. Sie lassen sich gut vorbereiten und sind für mehrere Tage haltbar. Dank ihrer perfekten Größe passen sie in jede Jausenbox oder sogar direkt in die Trikottasche. Kekse, Kuchen und Müsliriegel sorgen gemeinsam mit pikanten Snacks nicht nur für Abwechslung, sondern auch für reichlich Power im Grünen.

Kleine Mohnkuchen

ZUTATEN
für 10 Stück

Butter zum Einfetten
130 g Hafermehl plus etwas zum Bestäuben
125 g frische Himbeeren
3 reife Bananen
4 Eier (M)
50 ml Ahornsirup
60 g gemahlener Mohn
40 g gemahlene Mandeln
2 TL Backpulver
Salz

Im Sommer wachsen in unserem Garten besonders viele Beeren. Was könnte also Besseres aus der reichen Ernte gemacht werden als ein paar feine Küchlein, die wunderbar in die Trikottasche oder den Wanderrucksack passen? Der blumig-fruchtige Geschmack der Himbeeren harmoniert wunderbar mit der nussigen Note des Mohns.

Den Backofen auf 200 °C (Ober-/Unterhitze) vorheizen. 10 kleine rechteckige Kuchenförmchen (11 cm x 6 cm) oder Muffinförmchen mit Butter einfetten und mit etwas Hafermehl bestäuben. Die Himbeeren waschen und trocken tupfen.

Die Bananen schälen und dritteln. Die Eier in einen Standmixer aufschlagen, Bananenstücke und Ahornsirup dazugeben und cremig pürieren.

Das Hafermehl mit Mohn, gemahlenen Mandeln, Backpulver und 1 Prise Salz zu den feuchten Zutaten in den Mixer geben und auf niedriger Stufe zu einem glatten Teig vermengen. Anschließend drei Viertel der Himbeeren unterheben.

Den Teig in die Förmchen füllen, glattstreichen und mit den restlichen frischen Himbeeren belegen. Im heißen Ofen (Mitte) 20–25 Minuten backen, anschließend aus dem Ofen nehmen und abkühlen lassen. Die Mohnküchlein halten sich im Kühlschrank mehrere Tage.

TIPP

Ohne Früchte sind die Küchlein bei mehrtägigen Ausflügen ins Grüne länger haltbar. Für unterwegs am besten in Bienenwachstücher oder Butterbrotpapier einwickeln. Die Küchlein schmecken auch hervorragend zu einer Tasse Kaffee im Garten. Dann aber mit einer Portion Vanille-Quark-Creme und frischen Beeren. Dafür 250 g Quark mit 3 EL Ahornsirup und 1 Msp. gemahlene Bourbon-Vanille verrühren und auf die Küchlein streichen. Mit frischen Himbeeren und Kürbiskernen garnieren.

Bananenbrot

ZUTATEN
für 1 Kastenform

Für den Teig

3 reife Bananen
4 Eier (M)
1 EL Kokosöl
50 ml Ahornsirup
130 g Hafermehl
100 g gemahlene Mandeln
2 TL Backpulver
1 Msp. gemahlene Bourbon-Vanille
Salz

Für das Topping

1 Banane
1 EL gemahlene Mandeln

Ich liebe Bananenbrot. Saftig und süß zugleich. Nicht nur als Stärkung auf dem Rad oder in den Bergen beim Wandern, sondern auch zum Frühstück. Dann am liebsten getoastet, mit etwas Quark und Honig.

Den Backofen auf 200 °C (Ober-/Unterhitze) vorheizen. Eine Kastenform (23 cm x 12 cm) mit Backpapier auslegen.

Die Bananen schälen und dritteln. Die Eier in einen Standmixer aufschlagen, die Bananenstücke mit dem Öl und dem Ahornsirup dazugeben und cremig pürieren.

In einer Schüssel das Hafermehl mit den gemahlenen Mandeln, Backpulver, Vanille und 1 Prise Salz vermischen. Die feuchten Zutaten zu den trockenen geben und zu einem glatten Teig vermengen, anschließend in die Kastenform füllen und glattstreichen.

Für das Topping die Banane schälen und der Länge nach halbieren. Mit der runden Seite nach unten auf den Kuchenteig legen, leicht festdrücken und mit gemahlenen Mandeln garnieren. Den Kuchen in den heißen Ofen (Mitte) schieben und 35–40 Minuten backen.

Das fertig gebackene Bananenbrot aus dem Ofen nehmen, aus der Form lösen und abkühlen lassen.

TIPP

Für etwas Abwechslung sorgen gemahlene Haselnusskerne statt Mandeln und Buchweizenmehl anstelle des Hafermehls.

Apfel-Kürbis-Kuchen

ZUTATEN
für 1 Kastenform

Für den Teig

2 Äpfel
120 g gemahlene Kürbiskerne (alternativ ganze Kürbiskerne)
120 g Buchweizenmehl
2 TL Backpulver
2 reife Bananen
120 ml Mandeldrink
10 getrocknete Datteln, entsteint
1 EL Kokosöl

Für das Topping

1 TL gemahlene Kürbiskerne
1 TL Kürbiskerne

Ich war gerade dabei, meine Wandersachen für ein paar spätsommerliche Tage im Salzkammergut zu packen, als ich feststellte, dass ich noch einige Äpfel im Kühlschrank hatte. Ich kombinierte sie mit einer Handvoll Kürbiskernen, ein paar Datteln und anderen Zutaten aus meinem Vorratsschrank und machte daraus diesen Apfel-Kürbis-Kuchen, der sich geradezu perfekt als Wanderproviant eignet.

Den Backofen auf 200 °C (Ober-/Unterhitze) vorheizen. Eine Kastenform (23 cm x 12 cm) mit Backpapier auslegen.

Die Äpfel waschen, vierteln, entkernen und in dünne Spalten schneiden. Falls ganze Kürbiskerne verwendet werden, diese mithilfe eines Standmixers mahlen.

Die trockenen Zutaten in eine Schüssel geben und vermischen. Die Bananen schälen und dritteln. Anschließend mit dem Mandeldrink, den Datteln und dem Kokosöl in einen Standmixer geben und auf hoher Stufe cremig pürieren. Die trockenen Zutaten hinzufügen und alles auf niedriger Stufe zu einem glatten Teig vermengen.

Die Hälfte des Teiges in die vorbereitete Form geben. Die Hälfte der Apfelspalten mit der Schalenseite nach oben in den Teig stecken. Den restlichen Teig in die Form gießen und mit den restlichen Apfelspalten mit der Schalenseite nach oben belegen. Den Kuchen mit gemahlenen und ganzen Kürbiskernen garnieren. Anschließend im heißen Ofen (Mitte) 30–40 Minuten backen, anschließend abkühlen lassen.

Express-
Cookies

ZUTATEN
für 12 Stück

- 160 g glutenfreies Universalmehl
- 100 g Kokosblütenzucker
- 2 TL Backpulver
- 3 TL Backkakao
- 50 g Kokosöl
- 55 ml Mandeldrink

Diese Cookies sind der ideale Snack für alle, die spontane Ausflüge ins Grüne lieben. Die Zubereitungs- und Backzeit sind auf das Minimum reduziert. Keineswegs aber der Crunsh beim Biss in den Keks und das Geschmackserlebnis im Mund.

Den Backofen auf 200 °C (Ober-/Unterhitze) vorheizen. Ein Backblech mit Backpapier auslegen.

Die trockenen Zutaten in eine Schüssel geben und vermischen. Anschließend das Kokosöl und den Mandeldrink hinzufügen und mit den Händen zu einem glatten Teig kneten. Das Kokosöl schmilzt dabei automatisch durch die Wärme der Hände.

Den Teig in 12 gleich große Stücke teilen, zu Bällchen formen und flachdrücken. Anschließend auf das vorbereitete Backblech legen und im heißen Ofen (Mitte) 12–15 Minuten backen. Nach dem Backen auskühlen lassen.

Italienische Mandel-Tortini

ZUTATEN
für 12 Stück

Kokosöl zum Einfetten
60 g Hafermehl plus etwas zum Bestäuben
400 g gemahlene Mandeln
1 TL Backpulver
1 Msp. gemahlene Bourbon-Vanille
Salz
4 Eier (M)
200 ml Ahornsirup
110 g Kokosöl
1 Bio-Zitrone
60 g Mandelblättchen

Es ist schwer zu sagen, was ein Snack mit sich bringen muss, damit er zum Lieblingssnack wird. Doch diese italienischen Mandel-Tortini kommen dem Ganzen schon recht nahe. Ich bin niemand, der lange vorausplant. Ich liebe die Spontanität – gerade am Wochenende! Deshalb ist es wichtig, dass Snacks für unterwegs schnell zubereitet werden können. Diese Küchlein brauchen gerade einmal eine gute halbe Stunde – Backzeit inkludiert. Die Zutaten sind fast immer im Kühlschrank oder in der Vorratskammer vorhanden. Die Inspiration dafür fand ich vor ein paar Jahren in einer italienischen Bäckerei, die sich in einer schmalen Altstadtgasse befand.

Den Backofen auf 200 °C (Ober-/Unterhitze) vorheizen. 12 rechteckige Tarteförmchen (11 cm x 6 cm) mit Kokosöl einfetten und mit etwas Hafermehl bestäuben.

Die Zitrone heiß abwaschen, trocken tupfen und ca. 20 g Schale fein abreiben. Die Zitronenschale mit dem Hafermehl, den gemahlenen Mandeln, Backpulver, Vanille und 1 Prise Salz in eine Schüssel geben und vermischen.

Die Eier in einer Rührschüssel schaumig schlagen. Den Ahornsirup und das Kokosöl hinzufügen und gut vermengen. Anschließend die flüssigen Zutaten zu den trockenen geben und zu einem homogenen Teig vermengen. Den Teig gleichmäßig auf die vorbereiteten Tarteförmchen verteilen und mit Mandelblättern bestreuen. Die Tortini in den heißen Ofen (Mitte) schieben und 20–25 Minuten goldbraun backen, anschließend abkühlen lassen. Die Törtchen halten sich im Kühlschrank mehrere Tage.

TIPP

Für unterwegs die Törtchen am besten in Bienenwachstücher oder Butterbrotpapier einwickeln. Sie können aber auch nach dem Outdoor-Abenteuer zu einer Portion Vanille-Quark-Creme (siehe Tipp S. 76) serviert werden. Anstelle der Zitronenschale kann auch 1 TL gemahlener Zimt oder ½ TL Lebkuchengewürz verwendet werden, und statt gemahlener Mandeln Haselnusskerne – so bekommen die Törtchen eine weihnachtliche Note.

Kichererbsenkekse

ZUTATEN
für 12 Stück

165 g Kichererbsenmehl
50 g Kokosblütenzucker
2 TL Backpulver
Salz
25 g Pekannusskerne
30 g Kürbiskerne
25 g Cashewkerne
30 g Cranberries
1 Ei (M)
50 g Kokosöl

Während des ersten Lockdowns war ich auf der Suche nach ein paar gesunden Keksen, die dennoch das Verlangen auf Süßes stillen. Seither backe ich sie im Wechsel mit anderen Keksen aus diesem Buch. Ich erinnere mich noch gut daran, wie ich eine Dose voll davon mit auf unseren Roadtrip durch die französischen Alpen genommen habe und nach zahlreichen Kilometern mit Blick auf ein gewaltiges Panorama in einen der knusprigen und gleichzeitig saftigen Kekse biss. Ihren Geschmack assoziiere ich inzwischen mit zahlreichen beeindruckenden Momenten im Freien. Diese Erinnerungen wecken immer die Lust auf neue Abenteuer in mir. Zum Wandern packe ich sie gerne gemeinsam mit ein paar frischen Früchten, Nüssen oder Schokoladenstücken in eine Brotzeitdose.

Den Backofen auf 200 °C (Ober-/Unterhitze) vorheizen. Ein Backblech mit Backpapier auslegen.

Das Kichererbsenmehl mit dem Kokosblütenzucker, Backpulver und 1 Prise Salz in eine Schüssel geben und gut miteinander vermischen.

Die Pekannusskerne mithilfe eines scharfen Messers hacken. Gemeinsam mit den anderen Kernen und den Cranberries zu den trockenen Zutaten geben. In der Mitte der Mischung eine Mulde bilden und das Ei, Kokosöl und 3 EL Wasser hinzufügen. Die Zutaten mit den Händen zu einem glatten Teig verkneten.

Den Teig in 12 gleich große Stücke teilen, zu Bällchen formen und flach drücken. Anschließend auf das vorbereite Backblech legen und im heißen Ofen (Mitte) 15–20 Minuten goldbraun backen. Nach dem Backen auskühlen lassen.

TIPP

Anstelle der Cashew- und Pekannusskerne können auch 50 g gehackte Mandeln oder Walnusskerne verwendet werden. Statt Cranberries schmecken auch Rosinen oder klein geschnittene Aprikosen in den Keksen.

Chocolate **Brownies**

ZUTATEN
für 1 Kastenform

50 g Mandeln
5 Eier (M)
170 g Schokolade
85 g Butter (alternativ Margarine)
120 g Kichererbsenmehl
30 g Kokosblütenzucker (optional)
40 g gemahlene Mandeln
2 TL Backpulver
Salz

Diese schokoladigen Brownies habe ich mit Kichererbsenmehl und Mandeln gebacken, weshalb sie nährstoffreicher als gewöhnliche Brownies sind. Als Kind war ich verrückt nach Schokoladenkuchen mit bunten Schokolinsen darauf. Heute bevorzuge ich diese wesentlich gesündere Variante. Im Mund saftig und weich ist ein Bissen in diese Chocolate Brownies Belohnung und Energieschub zugleich.

Den Backofen auf 190 °C (Ober-/Unterhitze) vorheizen. Eine rechteckige Kastenform (37 cm x 22 cm) mit Backpapier auslegen. Die Mandeln mit einem Messer grob hacken und beiseitestellen.

Die Eier in einer Rührschüssel schaumig schlagen. Die Schokolade mit einem Messer grob hacken und in eine Metallschüssel geben. Etwas Wasser in einem Kochtopf auf ca. 60 °C erhitzen. Die Schüssel mit der Schokolade in den Kochtopf hängen, sodass die Schüssel das Wasser gerade eben nicht berührt. Die Schokolade unter ständigem Rühren über dem Wasserbad schmelzen lassen. Dabei darauf achten, dass kein Wasser in die Schüssel läuft.

Die Butter in einem kleinen Kochtopf bei niedriger Hitze schmelzen. Etwas abkühlen lassen, dann mit der geschmolzenen Schokolade zu den schaumig geschlagenen Eiern geben.

Das Kichererbsenmehl mit Kokosblütenzucker, gemahlenen Mandeln, Backpulver und 1 Prise Salz in eine Schüssel geben und vermengen. Anschließend unter die Schokoladenmischung heben. Die Masse in die vorbereitete Kastenform geben und mit gehackten Mandeln bestreuen. Im heißen Ofen (Mitte) ca. 20 Minuten backen, anschließend auskühlen lassen.

TIPP

Für unterwegs am besten in Stücke schneiden und in Bienenwachstücher oder Butterbrotpapier einwickeln. Für noch mehr Schokoladengeschmack sorgen kleine Schokoladenstückchen im Teig. Dazu 50 g Schokolade mit einem Messer hacken und zusammen mit den trockenen Zutaten unter die Schokoladenmischung heben. Anstelle der Mandeln können auch gemahlene und gehackte Haselnusskerne verwendet werden.

Pistazien-Mandel-Cantuccini

ZUTATEN
für 16 Stück

100 g Hirsemehl
80 g gemahlene Mandeln
30 g gehackte Pistazien
20 g Leinsamenmehl
20 g Chia-Samen
20 g Flohsamenschalen
1 TL Backpulver
Salz
2 Eier (M)
65 ml Ahornsirup
60 g Kokosöl

Als ich diese köstlichen Cantuccini das erste Mal gebacken habe, musste ich direkt an Italien denken – an all die bunten Häuser, die schmalen Gassen und die plaudernden Bewohner mit ihrer gelassenen Lebenseinstellung. Typisch italienisch passen sie auch wunderbar zu einer Tasse Espresso! Deshalb nehme ich die Kekse nicht nur mit ins Freie, sondern serviere sie auch zu Hause, wenn Besuch kommt.

Die trockenen Zutaten mit 1 Prise Salz in einer Schüssel vermischen.

Die feuchten Zutaten in eine zweite Schüssel geben und mithilfe eines Schneebesens verquirlen. Anschließend zu den trockenen Zutaten geben und beide zu einem glatten Teig vermengen. Den Teig 10–15 Minuten ruhen lassen.

Den Backofen auf 200 °C (Ober-/Unterhitze) vorheizen. Ein Backblech mit Backpapier auslegen.

Den Teig auf dem Backblech mit feuchten Händen zu einer Rolle formen und leicht flachdrücken. Das Blech in den heißen Ofen (Mitte) schieben und den Teig 25 Minuten backen. Anschließend 15 Minuten abkühlen lassen, dann die Rolle mit einem scharfen Messer vorsichtig in 1,5 cm dicke Scheiben schneiden. Die Ofentemperatur auf 165 °C reduzieren.

Die Kekse mit der flachen Seite auf das Backblech legen und für weitere 10–15 Minuten im Ofen knusprig backen. Anschließend komplett auskühlen lassen.

Oliven-Cantuccini

ZUTATEN
für 16 Stück

- 100 g Hirsemehl
- 80 g gemahlene Mandeln
- 20 g Leinsamenmehl
- 20 g Chia-Samen
- 20 g Flohsamenschalen
- 1 TL Backpulver
- Salz
- 100 g Grüne Oliven oder Kalamata-Oliven, entsteint
- 2 Eier (M)
- 60 g Kokosöl
- 1 TL Ahornsirup

Hin und weg von den süßen Cantuccini mit Pistazien und Mandeln habe ich noch eine pikante Variante mit salzigen Oliven gebacken. Genauso wie das Zucchini-Kichererbsen-Brot (Seite 110) passten sie gemeinsam mit einer Handvoll Gemüsesticks, selbst gemachten Aufstrichen und Nüssen in eine Jausenbox. Gerne serviere ich diese pikanten Kekse aber auch zum Aperitif.

Die trockenen Zutaten mit 1 Prise Salz in einer Schüssel vermischen. Die Oliven mithilfe einer Küchenmaschine zerkleinern oder mit einem scharfen Messer grob hacken. Anschließend zu den trockenen Zutaten geben.

Die feuchten Zutaten in eine zweite Schüssel geben und mithilfe eines Schneebesens verquirlen. Anschließend zu den trockenen Zutaten geben und zu einem glatten Teig vermengen. Den Teig 10–15 Minuten ruhen lassen.

Den Backofen auf 200 °C (Ober-/Unterhitze) vorheizen. Ein Backblech mit Backpapier auslegen.

Den Teig auf dem Backblech mit feuchten Händen zu einer Rolle formen und etwas flach drücken.

Das Blech in den heiße Ofen (Mitte) schieben und den Teig 25 Minuten backen. Anschließend 15 Minuten abkühlen lassen, dann die Rolle mit einem scharfen Messer in 1,5 cm dicke Scheiben schneiden. Die Ofentemperatur auf 165 °C reduzieren.

Die Kekse mit der flachen Seite auf das Backblech legen und für weitere 10–15 Minuten im Ofen knusprig backen

TIPP

Kombiniert mit einer Portion Feta-Aufstrich (siehe S. 20) sind diese herzhaften Cantuccini ein perfekter Snack zum Beisammensitzen mit Freunden nach dem Wandern oder Radfahren.

Serpentinen-Kekse

ZUTATEN
für 12 Stück

- 125 g Hafermehl
- 100 g Hirsemehl
- 20 g Leinsamenmehl
- 70 g gemahlene Mandeln
- 1 TL Backpulver
- ½ TL gemahlener Zimt
- 70 ml Ahornsirup
- 100 g Kokosöl
- 2 Eier (M)
- 120 g Konfitüre nach Wahl (z. B. Kirschkonfitüre)

Die Swirls der Marmelade erinnern mich an die Serpentinen des Stilfser Jochs, die sich durch beeindruckendes Alpenpanorama über 48 Kehren vom Tal zur Passhöhe winden. Ein Anstieg, der mein Herz nicht zuletzt der Anstrengung wegen immer wieder aufs Neue höherschlagen lässt und garantiert nie langweilig wird. Genauso wie diese Kekse, denn die Marmelade kann abwechslungsreich und ganz nach dem eigenen Geschmack ausgewählt werden.

Den Backofen auf 200 °C (Ober-/Unterhitze) vorheizen. Ein Backblech mit Backpapier auslegen.

Die trockenen Zutaten in einer großen Schüssel vermischen. In einer zweiten Schüssel die feuchten Zutaten vermengen. Anschließend die feuchten zu den trockenen Zutaten geben und zu einem glatten Teig kneten.

Den Teig auf ein Backblech legen. Die lange Kante des Blechs liegt parallel zur Arbeitsfläche. Die obere Hälfte des Teiges gleichmäßig mit Konfitüre bestreichen. Am Rand 1,5 cm frei lassen. Anschließend den Teig der Länge nach zusammenklappen und die Längskante gut verschließen.

Im heißen Ofen (Mitte) 15–20 Minuten goldbraun backen. Anschließend aus dem Ofen nehmen und 10 Minuten abkühlen lassen. Noch warm mit einem scharfen Messer in 2,5–3 cm breite Riegel schneiden.

Rice
Bars

ZUTATEN
für 12 Stück

- 500 g Milchreis
- 500 ml Kokosmilch (aus der Dose)
- 60 ml Ahornsirup
- 1 Msp. gemahlene Bourbon-Vanille
- Salz

Dieses Rezept ist recht simpel und erfordert minimales Küchenequipment. Ein großer Kochtopf und eine Auflaufform genügen. Die Kälte im Kühlschrank verwandelt den gekochten Milchreis in kompakte Riegel. Ganz nach deinem Geschmack kannst du beim Kochen noch ein paar Früchte wie zum Beispiel reife Bananen, Rosinen oder Nüsse untermengen.

Eine Auflaufform (32 cm x 20 cm) mit Backpapier auslegen.

Den Reis in ein feinmaschiges Sieb geben und so lange unter fließendem Wasser abspülen, bis das Wasser klar ist. Anschließend mit der Kokosmilch und 380 ml Wasser in einen Topf geben und aufkochen, dann die Hitze reduzieren und den Ahornsirup mit der Vanille und 1 Prise Salz einrühren. Bei Bedarf nach und nach noch Wasser hinzufügen. Den Reis 25–30 Minuten unter gelegentlichem Rühren köcheln lassen, bis die Flüssigkeit vollständig aufgenommen wurde.

Den Milchreis in die vorbereitete Auflaufform geben, gleichmäßig verteilen und über Nacht im Kühlschrank, alternativ für 1 Stunde im Tiefkühler, fest werden lassen.

Den Reiskuchen anschließend mit einem scharfen Messer in Stücke schneiden und für unterwegs einpacken. Die restlichen Riegel in eine verschließbare Box geben. Im Kühlschrank sind sie ca. 2 Tage haltbar.

TIPP

Für Rice Banana Bars 2 Bananen schälen und mit einer Gabel in einer Schüssel zerdrücken. Die Bananen mit dem Reis, der Kokosmilch und 380 ml Wasser in einen Topf geben und wie oben beschrieben weiterverarbeiten.

Käselaugen

ZUTATEN
für 10 Stück

- 1 Packung Trockenhefe
- 1 TL Ahornsirup (alternativ Honig)
- 460 g Dinkelmehl plus etwas Mehl zum Arbeiten
- 60 g weißer Maisgrieß
- Salz
- 3 EL Olivenöl
- Natronlauge (erhältlich in der Apotheke)
- 130 g Bergkäse (alternativ eine andere würzige Käsesorte)

Die Hefe mit dem Ahornsirup und 125 ml lauwarmem Wasser in eine kleine Schüssel geben und verrühren, bis sich die Hefe vollständig aufgelöst hat. Danach 5–10 Minuten ruhen lassen, bis sich kleine Bläschen bilden.

Das Dinkelmehl mit Maisgrieß und 2 TL Salz in eine große Schüssel geben. Das Olivenöl, die Hefemischung und 150 ml Wasser hinzufügen. Alle Zutaten mithilfe einer Küchenmaschine zu einem glatten Teig verkneten. Dabei zuerst 4 Minuten auf niedriger Stufe, anschließend 2 Minuten auf höchster Stufe kneten. Den Teig in eine mit Mehl bestäubte Schüssel geben und mit einem Geschirrtuch bedeckt bei Zimmertemperatur 1 Stunde gehen lassen.

Den Backofen auf 200 °C (Ober-/Unterhitze) vorheizen. Ein Backblech mit Backpapier auslegen.

Eine Arbeitsfläche mit etwas Mehl bestäuben. Den Teig in 10 Stücke teilen und zu Kugeln formen. Die Teigkugeln etwas platt drücken und mit Natronlauge bestreichen. Die Brötchen 5–10 Minuten ruhen lassen. Derweil den Käse reiben.

Die Brötchen mit Käse bestreuen und im heißen Ofen (Mitte) 20–25 Minuten backen. Anschließend herausnehmen und abkühlen lassen.

Aprikosen-Haselnuss-Riegel

ZUTATEN
für 10 Stück

- 250 g getrocknete Datteln, entsteint (alternativ 250 g Dattelpaste)
- 70 g Haselnusskerne
- 60 g Kokosöl
- 200 g Kleinblatt-Haferflocken
- 3 EL Apfelsaft
- 20 g Sonnenblumenkerne
- 40 g Kürbiskerne
- 100 g getrocknete Aprikosen

Diese Riegel stecken nicht nur voller Energie, sondern sind auch optisch ein absoluter Hingucker. Ich variiere immer mal wieder mit den Nüssen – das sorgt für Abwechslung.

Die getrockneten Datteln 5–10 Minuten in lauwarmem Wasser einweichen, anschließend das Wasser abgießen und die Früchte gut abtropfen lassen.

Eine Auflaufform (32 cm x 20 cm) mit Backpapier auslegen.

Zwei Drittel der Haselnusskerne mithilfe eines scharfen Messers fein hacken, die restlichen Kerne grob hacken.

Die Datteln oder Dattelpaste mit Kokosöl, Haferflocken und 2 EL Apfelsaft in einen Standmixer geben und auf mittlerer Stufe zu einer klebrigen Masse verarbeiten. Bei Bedarf noch 1 EL Apfelsaft hinzufügen. Anschließend die Masse in eine große Schüssel geben. Die fein gehackten Haselnusskerne mit den Sonnenblumenkernen und Kürbiskernen hinzufügen und alles gut vermengen.

Die Masse in die vorbereitete Auflaufform geben, etwas andrücken und mit den getrockneten Aprikosen belegen. Ein Backpapier auf die Mischung geben, vorsichtig festdrücken und glatt streichen.

Die Backform für etwa 30 Minuten in den Tiefkühler geben. Anschließend mit einem scharfen Messer in 10 gleich große Riegel schneiden.

TIPP

Für unterwegs am besten in Bienenwachstücher oder Butterbrotpapier einwickeln. Die restlichen Aprikosen-Haselnuss-Riegel in ein Einmachglas geben. Im Kühlschrank sind sie mehrere Tage haltbar.

Powerriegel

ZUTATEN
für 12 Stück

120 g Sonnenblumenkerne
100 g Kürbiskerne
50 g geschälte Mandeln
100 g Sesam
110 g Kokosflocken
40 g Hanfsamen
80 ml Ahornsirup
Salz

Die Sonnenblumenkerne mit den Kürbiskernen, Mandeln und Sesam in eine Pfanne geben und bei mittlerer Hitze 10 Minuten goldbraun rösten. Für die letzte Minute die Kokosflocken hinzufügen, kurz mitrösten, dann alles aus der Pfanne nehmen und auskühlen lassen.

120 g der Kerne-Mischung in einen Standmixer geben und zu Nussbutter mixen. Je nach Gerät kann dies einige Minuten dauern. Zwischendurch die Nussmasse vom Rand des Behälters mithilfe eines Küchenspachtels immer wieder nach unten schieben.

Eine Auflaufform (32 cm x 20 cm) mit Backpapier auslegen.

Die restliche geröstete Kerne-Mischung in eine große Schüssel geben. Die Hanfsamen mit der Nussbutter, dem Ahornsirup und 1 Prise Salz hinzufügen und alles gut vermengen. Anschließend gleichmäßig in die vorbereite Auflaufform geben und festdrücken. Für 30 Minuten in den Tiefkühler oder für 2 Stunden in den Kühlschrank geben. Danach mithilfe eines scharfen Messers in 12 Riegel schneiden.

TIPP

Für unterwegs am besten in Bienenwachstücher oder Butterbrotpapier einwickeln. Die restlichen Riegel in ein Einmachglas geben. Im Kühlschrank sind sie mehrere Tage haltbar.

Banana Bread
Balls

ZUTATEN
für 16 Stück

- 70 g Sonnenblumenkerne
- 1 reife Banane
- 30 getrocknete Datteln, entsteint
- Salz
- 150 g Großblatt-Haferflocken
- 1 EL Kokosöl

Diese kleinen Kugeln stecken voller Energie und sind der perfekte Begleiter ins Grüne – ganz gleich, ob die Wanderschuhe geschnürt und über Stock und Stein zum Gipfel gelaufen wird, auf dem Rennrad Geschwindigkeitsrekorde gejagt werden oder am Badesee ins kühle Nass gesprungen wird. Nicht nur deshalb mag ich sie, sondern auch weil sie im Handumdrehen zubereitet und die Zutaten meist im Vorratsschrank zu finden sind.

Die Sonnenblumenkerne in einer Pfanne ohne Fett bei mittlerer Hitze 5–8 Minuten rösten, anschließend auskühlen lassen.

Die Banane schälen und zusammen mit den restlichen Zutaten und 1 Prise Salz in einen Standmixer geben. Alles auf niedriger Stufe zu einer klebrigen Masse vermengen. Je nach Größe der Banane kann die Masse zu feucht oder zu trocken sein. Ist sie zu feucht, noch 1 EL Haferflocken hinzufügen, ist sie zu trocken, noch ½ TL Kokosöl untermengen.

Die Masse zu 16 gleich großen Kugeln mit etwa 2,5 cm Durchmesser rollen. Die Banana Bread Balls in ein Einmachglas geben und im Kühlschrank bis zum Verzehr aufbewahren.

Salted-Caramel-Taler

ZUTATEN
für 12 Stück

100 g Pekannusskerne
200 g Mandeln
125 g Sesam
80 g Kokosflocken
Salz
75 ml Ahornsirup

Bei diesen Talern trifft Süßes auf Salziges. Eine Kombination, der ich nur schwer widerstehen kann. Ich habe sie zum ersten Mal im Sommer zubereitet, als wir ein einen Ausflug in die Schweiz machten, um dort mit dem Rennrad ein paar sagenhafte Alpenpässe mit Legendenstatus zu überqueren. Seither sind sie aus meiner „On-repeat"-Backliste nicht mehr wegzudenken.

Die Pekannusskerne mit den Mandeln und Sesam in eine Auflaufform geben und im heißen Ofen (Mitte) 10–15 Minuten goldbraun rösten, anschließend herausnehmen.

Die Kokosflocken unter die noch heißen Nüsse und Samen mischen und 5–10 Minuten auskühlen lassen. Die Restwärme ist ausreichend, um die Kokosflocken zu rösten.

Anschließend 125 g der Mischung mit ½ TL Salz in einen Standmixer geben und zu Nussbutter mixen. Je nach Gerät kann dies einige Minuten dauern. Zwischendurch die Nussmasse vom Rand des Behälters mithilfe eines Küchenspachtels immer wieder nach unten schieben.

Die restliche geröstete Kerne-Mischung in eine große Schüssel geben. Die Nussbutter mit dem Ahornsirup und 1 Prise Salz hinzufügen und vermengen.

Mit Hilfe eines runden Keksausstechers kleine Taler formen und vorsichtig auf einen Teller legen. Für 30 Minuten in den Tiefkühler oder für 2 Stunden in den Kühlschrank stellen. Alternativ eine Auflaufform (32 cm x 20 cm) mit Backpapier auslegen und die Masse gleichmäßig darin verteilen, kühlen und mithilfe eines scharfen Messers in 12 Riegel schneiden.

Feta-Rosmarin-
Schnecken

ZUTATEN
für 12 Stück

Für den Teig

- 3 EL Olivenöl plus etwas mehr zum Einfetten
- 450 g Dinkelmehl (Typ 630) plus etwas mehr zum Bestäuben
- 1 Packung Trockenhefe
- 1 TL Honig
- 50 g Dinkelvollkornmehl
- Salz

Für die Füllung

- 3 Zweige frischer Rosmarin
- 200 g Feta
- 85 g griechischer Joghurt
- Salz

Der Duft von frisch gemähtem Gras steigt mir in die Nase, wenn ich barfuß mit vollgepacktem Picknickkorb einen platt getrampelten Pfad entlanglaufe, um ein gemütliches Plätzchen, halb in der Sonne, halb im Schatten, zu finden. Diese Feta-Rosmarin-Schnecken sind nahezu perfekt für ein Picknick im Freien.

Die Mulden eines Muffinblechs mit Öl einfetten und mit Mehl bestäuben. Alternativ ein Backblech mit Backpapier auslegen.

Die Trockenhefe mit dem Honig und 50 ml lauwarmem Wasser in eine kleine Schüssel geben und verrühren, bis sich die Hefe vollständig aufgelöst hat. Danach 5–10 Minuten ruhen lassen, bis sich kleine Bläschen bilden.

Die beiden Mehle mit 1½ TL Salz in eine Rührschüssel geben und vermischen. Die Hefemischung, 325 ml Wasser und das Olivenöl hinzufügen und mithilfe einer Küchenmaschine zu einem glatten Teig kneten. Anschließend den Teig leicht mit Mehl bestäuben, in eine Schüssel geben und mit einem Geschirrtuch abgedeckt für 1 Stunde bei Zimmertemperatur gehen lassen.

In der Zwischenzeit die Füllung vorbereiten. Dafür den Rosmarin waschen, trocken schütteln, die Nadeln vom Zweig lösen und fein hacken. Den Feta grob zerkleinern und mit dem griechischem Joghurt, gehacktem Rosmarin und ½ TL Salz in einen Standmixer geben. Die Zutaten auf niedriger Stufe zu einer cremigen Masse mixen. Die Füllung in eine Schüssel geben und für 10 Minuten in den Tiefkühler geben, dadurch wird die Füllung etwas fester und lässt sich anschließend besser verarbeiten.

Den Teig auf einer bemehlten Arbeitsfläche zu einem ca. 1 cm dicken Rechteck ausrollen und mit der Fetacreme bestreichen. Anschließend in etwa 3 cm breite Streifen schneiden. Die Streifen zu Schnecken aufrollen und in die vorbereiteten Mulden des Muffinblechs oder auf das Backblech legen. Mit einem Geschirrtuch abdecken und 15 Minuten gehen lassen.

In der Zwischenzeit den Backofen auf 200 °C (Ober-/Unterhitze) vorheizen. Die Feta-Rosmarin-Schnecken im heißen Ofen (Mitte) 25–30 Minuten goldbraun backen, anschließend aus der Form lösen und abkühlen lassen.

Zucchini-Kichererbsen-Brot

ZUTATEN
für 1 Kastenform

150 g Hirsemehl
70 g Hafermehl
20 g Leinsamenmehl
2 TL Backpulver
Salz
300 g Zucchini (gelbe und grüne)
400 g Kichererbsen (240 g Abtropfgewicht)
3 Eier (M)
50 ml Olivenöl
200 g körniger Frischkäse
6 EL geschälter Sesam

Dieses Zucchini-Kichererbsen-Brot bringt Abwechslung in die Brotzeitdose! Kombiniert mit ein paar salzigen Oliven, einem Löffel cremigen Hummus und ein paar Walnüssen verwandelt sich das Gemüsebrot in eine feine orientalische Mahlzeit, die zudem noch satt macht und für neue Energie sorgt.

Den Backofen auf 180 °C (Ober-/Unterhitze) vorheizen. Eine Kastenform (32 cm x 20 cm) mit Backpapier auslegen.

Die trockenen Zutaten mit 2 TL Salz in eine Schüssel geben und vermischen.

Die Zucchini waschen und mithilfe einer Küchenreibe grob reiben. In eine Schale geben, mit 1 Prise Salz würzen und 5 Minuten ziehen lassen. Anschließend die Zucchini gut auspressen und die Flüssigkeit entsorgen. Die Kichererbsen in ein Küchensieb abgießen, abspülen und abtropfen lassen.

Die Eier in einer Rührschüssel schaumig schlagen. Das Olivenöl mit dem Frischkäse und den trockenen Zutaten hinzufügen und alles zu einem glatten Teig vermengen. Zum Schluss die geraspelte Zucchini hinzufügen.

Den Teig gleichmäßig in die vorbereitete Form geben und mit Sesam bestreuen. Anschließend im heißen Ofen (Mitte) 30–35 Minuten goldbraun backen.

Nach dem Backen aus der Form lösen, auskühlen lassen und in Stücke schneiden.

TIPP

Für unterwegs 4–6 Scheiben Zucchini-Kichererbsen-Brot mit 1 Portion Hummus (siehe S. 18), 50 g Kalamata-Oliven, 4 Mini-Gurken in Scheiben geschnitten und 30 g Walnusskernen auf zwei Jausenboxen aufteilen.

Double Chocolate Cookies

ZUTATEN
für 16 Stück

160 g Hafermehl
70 g gemahlene Mandeln
1 TL Backpulver
Salz
400 g Kidneybohnen (240 g Abtropfgewicht)
3 TL Backkakao
75 ml Ahornsirup
2 EL Kokosöl
1 Ei (M)
90 g Cashewkerne
70 g Zartbitterschokolade

Kekse aus roten Bohnen? Von dieser Tatsache sollte man sich nicht abschrecken lassen, denn gebacken beansprucht der Geschmack zartschmelzender Schokolade die Geschmacksknospen auf der Zunge. Die Bohnen dienen einzig und allein der saftigen Konsistenz.

Den Backofen auf 180 °C (Ober-/Unterhitze) vorheizen. Ein Backpapier mit Backblech belegen.

Hafermehl, gemahlene Mandeln und Backpulver zusammen mit 1 Prise Salz in eine Schüssel geben.

Die Kidneybohnen in ein Küchensieb abgießen, abspülen und abtropfen lassen. Anschließend mit Kakaopulver, Ahornsirup, Kokosöl und dem Ei in einen Standmixer geben und cremig pürieren.

Die Cashewkerne und die Zartbitterschokolade mit einem scharfen Messer hacken. Die feuchte Masse mit den gehackten Cashewkernen und der Zartbitterschokolade zu den trockenen Zutaten hinzufügen und alles zu einem glatten Teig vermengen.

Aus dem Teig 16 gleich große Kugeln formen, flachdrücken und auf das vorbereitete Backblech legen. Im heißen Ofen (Mitte) 20–25 Minuten backen, anschließend aus dem Ofen nehmen und auskühlen lassen.

Apfel-Möhren-Scones

mit Tahin

ZUTATEN
für 8 Stück

- 100g Möhren
- 1 Apfel
- 130 g Hafermehl
- 90 g glutenfreies Universalmehl
- 80 g gemahlene Mandeln
- 2 TL Backpulver
- Salz
- 60 g Kokosöl
- 50 ml Ahornsirup
- 30 ml Tahin (Sesam-mus)
- 1 Ei (M)

Diese Scones bringen alle Annehmlichkeiten mit sich, die ein gutes Gebäck für einen Ausflug ins Freie braucht. Saftig und knusprig zugleich steckt dieser Keks voller Energie. Das Hafermehl sorgt für einen leicht nussigen Geschmack und harmoniert wunderbar mit dem Duo aus Apfel und Karotte.

Den Backofen auf 190 °C (Ober-/Unterhitze) vorheizen. Ein Backblech mit Backpapier auslegen.

Die Möhren waschen, putzen und mithilfe einer Küchenreibe raspeln. Den Apfel waschen, vierteln, entkernen und ebenfalls raspeln.

Das Hafermehl mit Universalmehl, Mandeln, Backpulver und 1 Prise Salz in einer Schüssel vermischen.

In einer zweiten Schüssel das Kokosöl mit Ahornsirup, Tahin und dem Ei verrühren. Anschließend die feuchten Zutaten mit den geraspelten Möhren und dem geraspelten Apfel zu den trockenen Zutaten hinzufügen und zu einem glatten Teig kneten.

Den Teig auf dem Backblech zu einer Kugel formen und mithilfe eines Nudelholzes zu einem 2,5 cm dicken Kreis ausrollen. Anschließend mit einem scharfen Messer in 8 Stücke teilen.

Die Scones im heißen Ofen (Mitte) 20–25 Minuten goldbraun backen, anschließend aus dem Ofen nehmen und abkühlen lassen.

Quinoa-Riegel
mit Marmelade

ZUTATEN
für 16 Stück

- 125 g gepuffte Quinoa
- 125 g Quinoa
- 100 g gemahlene Mandeln
- 50 g Kokosflocken
- 25 g Pistazienkerne
- 100 g Mandeln
- 2 Eier (M)
- 2 EL Kokosöl
- 100 ml Ahornsirup
- 1 Msp. gemahlene Bourbon-Vanille
- Salz
- 230 g Marmelade nach Wahl (z. B. Orangenmarmelade)

Diese Riegel sind für Marmeladenglasmomente im Freien. Sie sind mindestens genauso abwechslungsreich wie die Abenteuer selbst, denn die Füllung kann ganz nach Lust und Laune gewählt werden: Marmelade oder ein cremiger Schoko-Nuss-Aufstrich. Die Möglichkeiten sind beinahe grenzenlos. Ich habe mich für eine feine Orangenmarmelade entschieden, die ich von meiner Korsikareise mit nach Hause gebracht hatte. Schon als Kind hatte ich die Orangenmarmelade auf der französischen Insel für mich entdeckt.

Den Backofen auf 180 °C (Ober-/Unterhitze) vorheizen. Eine Auflaufform (34 cm x 25 cm) mit Backpapier auslegen.

Die gepuffte Quinoa mit der Quinoa, den gemahlenen Mandeln und Kokosflocken in eine Schüssel geben. Die Pistazien und die Mandeln mit einem scharfen Messer grob hacken und hinzufügen.

Die Eier in einer Schüssel verquirlen. Das Kokosöl bei niedriger Hitze schmelzen lassen und mit Ahornsirup, Vanille und 1 Prise Salz vermischen. Die feuchten Zutaten mit den Eiern zu den trockenen Zutaten geben und vermengen.

Die Hälfte der Masse in die Auflaufform geben und festdrücken. Eine dünne Schicht Marmelade darauf verteilen und mit der restlichen Masse gleichmäßig bedecken. Die Masse leicht festdrücken.

Im heißen Ofen (Mitte) 20–25 Minuten goldbraun backen, anschließend aus dem Ofen nehmen und – das ist besonders wichtig, damit sie nicht auseinanderfallen – vollständig auskühlen lassen. Mit einem scharfen Messer in 16 gleich große Riegel schneiden.

Kürbisbrot

ZUTATEN
für 1 Brot

1 kg Hokkaido-Kürbis
65 g Butter (alternativ Margarine)
60 g Kokosblütenzucker
2 Eier (M)
1 Tasse Espresso
130 g griechischer Joghurt
130 g Buchweizenmehl
50 g gemahlene Kürbiskerne (alternativ ganze Kürbiskerne)
40 g gemahlene Mandeln
2 TL Backpulver
½ TL gemahlener Zimt
Salz
3 EL Kürbiskerne

In knalligem Orange und prall gefüllt mit der Wärme des Sommers präsentiert sich der runde Knirps zwischen den grünen Blättern. Frisch geerntet bereite ich aus dem Fruchtfleisch ein cremiges Püree zu. Daraus lässt sich ein saftiges und reichhaltiges Kürbisbrot backen. Die Inspiration für dieses Rezept habe ich in Chicago gefunden. Draußen wehte ein eisiger Novemberwind durch die geraden, breiten Straßen der Stadt. Also machten wir es uns in einem kleinen Café gemütlich und bestellten uns eine heiße Tasse Kaffee zum Aufwärmen und ein Stück Kürbiskuchen zur Stärkung. Für mich ist Kürbisbrot seitdem eine tolle Jause, die sowohl in die Brotzeitdose als auch direkt ins Radtrikot passt.

Den Backofen auf 190 °C (Ober/Unterhitze) vorheizen. Ein Backblech und eine Kastenform (23 cm x 12 cm) mit Backpapier auslegen.

Den Kürbis waschen, halbieren, entkernen und in 1 cm breite Spalten schneiden. Die Spalten auf das vorbereitete Backblech legen und in 30–40 Minuten weich backen. Anschließend auskühlen lassen, die Schale abziehen und den Kürbis mithilfe eines Standmixers fein pürieren.

Die Butter in einem kleinen Topf bei niedriger Hitze schmelzen, mit dem Kokosblütenzucker und den Eiern in eine Rührschüssel geben und mit einer Küchenmaschine schaumig schlagen.

300 g Kürbispüree, den Espresso und den griechischen Joghurt hinzufügen und gut verrühren. Buchweizenmehl, gemahlene Kürbiskerne und Mandeln, Backpulver, Zimt und 1 Prise Salz hinzufügen und vermengen. Falls ganze Kürbiskerne verwendet werden, diese mithilfe eines Standmixers mahlen.

Den Teig in die vorbereitete Kastenform geben, mit Kürbiskernen bestreuen und im heißen Ofen (Mitte) 40 Minuten backen, anschließend herausnehmen und abkühlen lassen.

TIPP

Zum Wandern das Kürbisbrot in Scheiben schneiden und gemeinsam mit Nüssen, Zartbitterschokolade und Apfelschnitzen in eine Jausenbox geben. Zum Radfahren das Kürbisbrot am besten in ein Bienenwachstuch, Butterbrotpapier oder wiederverwendbare Zip-Beutel packen.

Fenchel-Lauch-Muffins

ZUTATEN
für 12 Stück

- 50 g Kokosöl plus etwas mehr zum Einfetten
- 100 g Fenchel
- 90 g Lauch
- 1 Apfel
- 110 g Kichererbsenmehl
- 50 g glutenfreies Universalmehl
- 85 g gemahlene Haselnusskerne oder Mandeln
- 10 g gemahlene Flohsamenschalen
- 2 TL Backpulver
- Salz, frisch gemahlener Pfeffer
- 4 Eier (M)
- 2 TL Dijon-Senf
- 150 ml Mandeldrink
- 4 EL Kürbiskerne
- 2 EL Sesam

In diesem pikanten Muffin treffen Aromen aufeinander, die die Geschmacksknospen auf der Zunge zum Tanzen bringen. Sie eignen sich fantastisch, um sie an der frischen Luft, umgeben von spektakulärer Bergkulisse aus sanften Hügeln und schroffem Geröll zu genießen. Wenn ich sie zum Radfahren mitnehmen möchte, verwende ich anstelle der Muffinförmchen kleine Tortenformen, damit sie durch das flachere Format perfekt in die Taschen meines Trikots passen.

Ein Muffinblech mit etwas Kokosöl einfetten und mit Mehl bestäuben. Alternativ mit Papierförmchen auslegen. Den Backofen auf 190 °C (Ober-/Unterhitze) vorheizen.

Den Fenchel und den Lauch waschen und gut putzen. Den Lauch in feine Ringe schneiden. Den Fenchel halbieren, den Strunk entfernen und ebenso fein schneiden. Den Apfel waschen, vierteln, entkernen und mit einer Küchenreibe raspeln.

Kichererbsenmehl, Universalmehl, gemahlene Haselnusskerne und Flohsamenschalen, Backpulver, 2 TL Salz und 1 Prise Pfeffer in einer Schüssel vermischen.

Die Eier mit Kokosöl, Senf und Mandeldrink in einer Rührschüssel schaumig schlagen. Die trockenen Zutaten sowie Fenchel, Lauch und Apfelraspel hinzufügen und vermengen.

Den Teig in die vorbereiteten Muffinförmchen verteilen und mit Kürbiskernen und Sesam garnieren. Im heißen Ofen (Mitte) 25–30 Minuten goldbraun backen, anschließend herausnehmen und abkühlen lassen.

SNACKS – FÜR BESONDERS HUNGRIGE TAGE

An manchen Tagen fühlt sich die Zeit zwischen dem Nachhausekommen und dem ersten Bissen des frisch zubereiteten Abendessens wie eine Ewigkeit an. Dann bin ich besonders dankbar dafür, ein paar gesunde Snacks griffbereit zu haben. Zum Beispiel etwas Salziges wie Leinsamen-Cracker mit einem cremigen Feta-Dip (siehe S. 21), der Gelüste und Hunger stillt. Oder ein fruchtiger Granola-Eispop mit süßem Himbeerpüree und feinem Nussmus (siehe S. 15), den ich besondern an heißen Sommertagen zur Abkühlung liebe. Manchmal reicht aber auch ein eisgekühlter Mango-Drink (siehe S. 133).

Die Snacks in diesem Kapitel sind perfekt für den kleinen Hunger nach dem Sport und lassen sich entweder vorab gut vorbereiten oder sind in wenigen Minuten nach der Ankunft zu Hause »ready to eat«!

Leinsamen-Cracker

mit Feta-Aufstrich & Oliven

ZUTATEN
für 1 Blech

Für die Cracker

- 120 g Leinsamen
- 35 g Chia-Samen
- 1 EL Flohsamenschalen
- 2 EL geschälte Hanfsamen
- 1 TL Salz

Zum Servieren

- 1 Portion Feta-Aufstrich (siehe S. 21)
- 100 g Kalamata-Oliven

Nach dem Sport habe ich oftmals Lust auf etwas Salziges, wie zum Beispiel diese Cracker aus Leinsamen. Sie sind nicht nur ein perfekter Snack zwischen den Mahlzeiten, sondern passen gemeinsam mit einer Portion cremigem Feta-Aufstrich und einer Schale Kalamta-Oliven wunderbar zu einem Aperitif.

Alle Zutaten in eine Schüssel geben und vermischen. Anschließend 300 ml Wasser hinzufügen und mindestens 4 Stunden, am besten aber über Nacht, quellen lassen.

Am nächsten Tag den Backofen auf 180 °C (Ober-/Unterhitze) vorheizen. Ein Backblech mit Backpapier auslegen.

Die gequollene Masse dünn und gleichmäßig auf dem Blech verteilen. Im heißen Ofen (Mitte) je nach Dicke der Masse 25–30 Minuten backen. Sind die Cracker nach Ende der Backzeit noch zu weich, die Hitze auf 160 °C reduzieren und weitere 5–10 Minuten knusprig backen. Nach dem Backen abkühlen lassen und in Cracker zerbrechen.

Die Leinsamen-Cracker mit dem Feta-Aufstrich und Kalamata-Oliven servieren.

Banana Peanut **Butter Chocolate** Jar

ZUTATEN
für 2 Gläser

- 20 g Zartbitterschokolade
- 4 Bananen
- 2 EL Erdnussmus (alternativ Mandelmus) plus 2 TL zum Garnieren
- 5 getrocknete Datteln, entsteint
- Salz
- 4 EL Naturjoghurt (oder eine pflanzliche Joghurtalternative)
- 3 TL Backkakao
- 2 EL Schnelles Quinoa-Kürbis-Granola (siehe S. 27)

Diese Puddinggläser sind nicht nur optisch ein echtes Highlight, sondern schmecken rund um die Uhr! Ganz gleich ob zum Frühstück, als Stärkung im Freien oder als Dessert nach einem gemütlichen Abendessen.

Die Zartbitterschokolade mit einem scharfen Messer grob hacken.

Die Bananen schälen und mit 2 EL Erdnussmus, den Datteln und 1 Prise Salz in einen Standmixer geben. Auf höchster Stufe zu einem cremigen Pudding vermengen. Die Hälfte des Puddings gleichmäßig auf 2 Gläser oder Schalen aufteilen und mit jeweils 2 EL Joghurt bedecken.

Den restlichen Pudding mit Backkakao verrühren und auf den Joghurt geben.

Die Gläser mit Erdnussmus, Granola und Zartbitterschokolade garnieren.

TIPP

Anstelle des Backkakaos sorgen 1 Handvoll frische Beeren unter den Pudding gerührt für Abwechslung.

Himbeer-Granola-
Eispops

ZUTATEN
für 6 Stück

- 2 EL Schnelles Quinoa-Kürbis-Granola (siehe S. 27, alternativ 25 g Mandeln, gehackt)
- 140 g frische Himbeeren (alternativ TK-Himbeeren)
- 4 EL Ahornsirup
- 250 g griechischer Joghurt
- ¼ TL gemahlene Bourbon-Vanille
- 2 TL Mandelmus
- 6 Eisformen
- 6 Holzstiele

Als Kind war ein Eis die Belohnung schlechthin. Meine Großeltern hatten immer einen Vorrat für uns Kinder parat: kleine Becher mit cremigem Vanilleeis und fruchtigem Himbeerpüree. Ich liebte diese Art der Abkühlung. Das hat mich dazu inspiriert, diese Eis-Lollies zu kreieren, um während der Sommermonate immer ein paar griffbereit zu haben.

Das Granola wie auf Seite 27 beschrieben zubereiten.

In der Zwischenzeit die Himbeeren waschen und trocken tupfen. Bei der Verwendung von TK-Himbeeren die Himbeeren auftauen lassen. Anschließend mit 2 EL Ahornsirup in eine Schüssel geben und mithilfe einer Gabel zu Kompott zerdrücken.

Den Joghurt mit 2 EL Ahornsirup und gemahlener Vanille in eine Schüssel geben und verrühren. Die Hälfte der Masse in eine zweite Schüssel geben, das Mandelmus hinzufügen und unterrühren.

Die Eisformen zu jeweils einem Viertel mit Himbeerpüree füllen. Anschließend 3 Eisformen mit Vanille-Joghurt und 3 Eisformen mit Mandelmus-Jogurt füllen. Zum Schluss etwas Granola oder gehackte Mandeln in die Form streuen. Die Holzstiele vorsichtig bis zur Hälfte in die Form stecken. Die Eispops mindestens 4–6 Stunden, am besten aber über Nacht, in den Tiefkühler stellen.

Zum Servieren die Eisformen kurz mit warmem Wasser abspülen, damit sich das Eis gut aus der Form ziehen lässt, und genießen!

TIPP

Für eine vegane Variante den griechischen Joghurt durch eine pflanzliche Kokos- oder Mandeljoghurtalternative ersetzen. Für Abwechslung sorgt ein Fruchtkompott von Seite 16 anstelle des Himbeerpürees. Statt Mandelmus kann auch Erdnussmus, Cashewmus oder Tahin (Sesammus) verwendet werden.

Kunterbunte Snackplatte

Der Zauber, wenn ein Teller süßer Leckereien auf den Tisch gestellt wird, endet wohl nie. Ich liebe es, gesunde Zutaten in einen ansehnlichen Snack für zwischendurch zu verwandeln. Je nachdem, was der Kühlschrank und die Vorratskammer hergeben, kommt immer ein bisschen Abwechslung mit auf den Teller. Anstelle des Nussmus passen auch Joghurt-Dips oder etwas Hummus für das Gemüse perfekt dazu.

ZUTATEN
für 2 Portionen

- Nussmus (z. B. Mandelmus)
- 1 Feige
- 1 Mini-Gurke
- 50 g Heidelbeeren
- 1 Möhre
- 1 Orange
- 1 Kiwi
- 70 g Zartbitterschokolade (z. B. mit Haselnüssen)
- 50 g Mandeln
- 50 g Haselnusskerne
- 50 g Cashewkerne
- 10 getrocknete Medjool-Datteln

Das Nussmus wie auf Seite 15 beschrieben zubereiten und in ein kleines Schälchen füllen.

Die Feige, die Gurke und die Heidelbeeren waschen und trocken tupfen. Die Feige halbieren, die Gurke längs in Scheiben schneiden. Die Möhre schälen, halbieren und in Stifte schneiden. Die Orange und Kiwi in Scheiben schneiden. Die Zartbitterschokolade in mundgerechte Stücke zerbrechen.

Alle Zutaten auf einer Servierplatte anrichten und lossnacken!

TIPP

Je nach Saison und Vorliebe können das Obst und Gemüse ausgetauscht werden.

Iced Mango Smoothie

Dieser Smoothie sorgt für die notwendige Erfrischung an heißen Tagen. Vollgepackt mit Vitamin C und Beta-Carotin verleihen die Mangostücke diesem sommerlichen Durstlöscher nicht nur seine wunderschöne Farbe, sondern auch seine angenehm fruchtige Süße.

ZUTATEN
für 2 Gläser

- 400 g TK-Mango, gewürfelt
- 60 g Kokosflocken
- 4 getrocknete Medjool-Datteln
- 500 ml Mandeldrink
- 2 essbare Blüten (optional)

Die gefrorenen Mangostücke mit Kokosflocken, Datteln und 400 ml Mandeldrink in einen Standmixer geben und zu einem cremigen Smoothie mixen. Anschließend gleichmäßig auf zwei Gläser aufteilen.

Den restlichen Mandeldrink (100 ml) mithilfe eines Milchaufschäumers zu Milchschaum verarbeiten und auf den Smoothie geben, mit einer essbaren Blüte garnieren und kalt servieren.

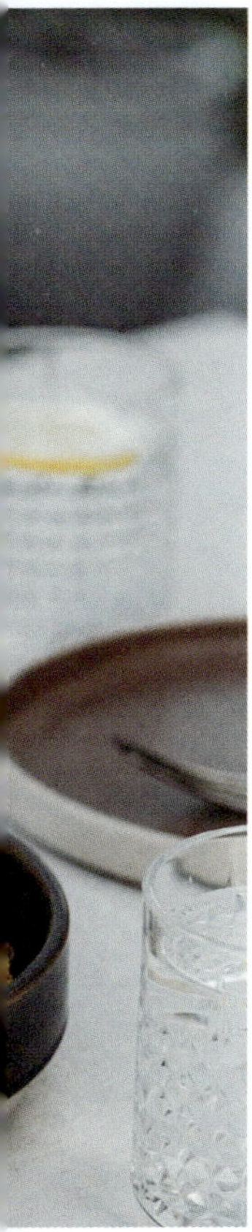

DINNER – ZUM KRÄFTE AUFTANKEN

Die Hitze des Tages vermischt sich allmählich mit der kühler werdenden Abendluft. Die Beine sind müde und die Gemüter hungrig. Die Abendsonne steht tief, und ihr goldenes Licht funkelt in den Gläsern unserer kühlen Drinks, mit denen wir die Zeit bis zum Abendessen überbrücken. Aus der Küche zieht ein anregender Duft, der beim Betreten des Raumes noch intensiver wird. Ich hebe den Deckel vom Topf, rühre ein letztes Mal gut um, ehe ich das Abendessen serviere. Kurz wird es ganz still. Nur das Zwitschern der Vögel und das Klappern des Bestecks ist zu hören. Ein zufriedenes Lächeln breitet sich aus. Es scheint zu schmecken.

In diesem Kapitel befinden sich zahlreiche Rezepte, die zum gemeinsamen Kochen und Genießen nach dem Abenteuer im Freien, im Garten oder im gemütlichen Esszimmer einladen. Sättigend und nährstoffreich zugleich lassen sich einige davon vorab gut vorbereiten und am Abend in nur wenigen Handgriffen fertigstellen.

Gnocchi-Pfanne

mit Zucchini & Feta

ZUTATEN
für 2 Portionen

- 2 EL Sonnenblumenkerne
- 1 EL Kürbiskerne
- 1 EL Sesam
- 1 Zucchini
- 1 rote Zwiebel
- 1 Maiskolben
- 125 g Kirschtomaten
- 100 g Feta
- 1 Zitrone
- 2 EL Olivenöl
- 300 g Gnocchi
- Salz, frisch gemahlener Pfeffer
- 1–2 Stängel frisches Basilikum

Wenn es darum geht, in wenigen Minuten ein Abendessen mit kräftigem Aroma zu zaubern, ist dieses Pfannengericht mein absoluter Favorit. Es geht nicht nur schnell, sondern ist auch äußerst simpel in der Zubereitung. Kaum sind die Gnocchis gar, ist das Gemüse auch schon geschnitten und bereit für die Pfanne. Die Kombination aus erfrischendem Zitronensaft, cremig-salzigem Feta und einer Prise Salz verleiht dem Gericht seine einzigartige Note. Wer etwas mehr Zeit in Kauf nimmt, kann anstelle der Gnocchi auch andere Nudeln verwenden.

Die Sonneblumenkerne mit den Kürbiskernen und dem Sesam in einer Pfanne ohne Fett bei mittlerer Hitze für 5–8 Minuten rösten. Anschließend in eine Schale geben und auskühlen lassen.

Die Zucchini waschen, putzen, der Länge nach halbieren und in Scheiben schneiden. Die Zwiebel schälen und in feine Ringe schneiden. Den Mais waschen und die Körner so vom Kolben schneiden, dass sie weiterhin aneinander hängen. Die Tomaten waschen und halbieren. Den Feta zerkrümeln. Den Saft der Zitrone auspressen.

Etwas Olivenöl in einer Pfanne erhitzen, Zwiebeln, Zucchini, Mais und Tomaten hinzufügen und mit Zitronensaft ablöschen. Die Hitze reduzieren und das Gemüse wenige Minuten köcheln lassen, dabei gelegentlich umrühren.

In der Zwischenzeit die Gnocchi nach Packungsanleitung in Salzwasser garen, anschließend abgießen und mit dem zerkrümelten Feta zum Gemüse in die Pfanne geben. Alles gut vermengen und 2–3 Minuten auf der Herdplatte stehen lassen, bis der Feta geschmolzen ist. Mit Salz und Pfeffer abschmecken. Das Basilikum waschen, trocken schütteln und die Blättchen abzupfen. Die Gnocchi auf zwei Teller verteilen, mit Basilikum, gerösteten Samen und Kernen garnieren.

Blumenkohlpizza
mit Zucchini & Burrata

ZUTATEN
für 2 Pizzen

Für den Boden

- 1 Blumenkohl (ca. 900 g)
- 2 Knoblauchzehen
- ½ Zwiebel
- 2 EL Olivenöl
- 2 EL Zitronensaft
- 200 g Feta
- 2 Eier (M)
- 1 TL Ahornsirup
- 1 TL Salz
- ½ TL frisch gemahlener Pfeffer
- 50 g Hirsemehl

Für den Belag

- ½ gelbe Zucchini
- ½ grüne Zucchini
- 12 Kirschtomaten
- 4 Radieschen
- 250 g Burrata
- ¼ Bund frischer Majoran
- 100 g Basilikumpesto
- 20 Kalamata-Oliven (ohne Kern)

Den Blumenkohl waschen, putzen und zerkleinern. Die Blumenkohlröschen portionsweise in einen Standmixer geben und auf niedriger Stufe zu feinen Bröseln verarbeiten. Alternativ mithilfe eines scharfen Messers sehr fein hacken. Den Knoblauch und die Zwiebel schälen und fein hacken.

Das Olivenöl in einer Pfanne erhitzen. Knoblauch und die Zwiebel hinzufügen und für 1 Minute anbraten, dann mit Zitronensaft ablöschen. Die Blumenkohlbrösel in die Pfanne geben und bei mittlerer Hitze etwa 10 Minuten rösten, anschließend in eine große Schüssel geben und abkühlen lassen.

Den Feta mit den Fingern zerkrümeln und zusammen mit den Eiern, dem Ahornsirup, Salz und Pfeffer in den Standmixer geben und pürieren. Alternativ die Zutaten in eine Schüssel geben und mithilfe einer Gabel verquirlen. Die flüssigen Zutaten mit dem Hirsemehl zu den Blumenkohlbrösel in die Schüssel geben und vermengen.

Den Backofen auf 195 °C (Ober-/Unterhitze) vorheizen. Zwei Backbleche mit Backpapier auslegen. Jeweils eine Hälfte des Teiges auf ein Backblech geben, zu einem Kreis formen und gut festdrücken. Anschließend im heißen Ofen (Mitte) 20 Minuten backen.

In der Zwischenzeit für den Belag das Gemüse waschen und putzen. Die Zucchini halbieren und in dünne Scheiben schneiden, die Tomaten halbieren und die Radieschen mit einem Gemüsehobel fein hobeln. Die Burrata in dünne Scheiben schneiden. Den Majoran waschen, trocken schütteln und zerpflücken.

Den Pizzaboden aus dem Backofen nehmen und gleichmäßig mit Pesto bestreichen. Mit Burrata, Zucchini und Tomaten belegen. Für weitere 10–15 Minuten in den Backofen geben, bis der Käse geschmolzen ist. Die fertig gebackene Blumenkohlpizza mit Radieschenscheiben, Oliven und frischem Majoran belegen.

TIPP

Anstelle des Basilikumpestos kann auch Tomatensauce oder Artischockenpesto (siehe S. 162) verwendet werden.

Brokkoli-Salat

mit Sommergemüse & Mozzarella

ZUTATEN
für 2 Portionen

Für den Salat

60 g Vollkornreis
Salz
2 EL Sonnenblumenkerne
1 EL Kürbiskerne
1 EL Sesam
½ Bund frischer Dill
1 Zitrone
1 Brokkoli
3 EL Olivenöl
4 Mini-Gurken
6 Radieschen
1 Rote Bete
250 g Mozzarella

Für das Dressing

3 EL Apfelessig
2 EL Olivenöl
1 TL Ahornsirup
1 TL Senf

Den Reis in einem feinmaschigen Küchensieb unter fließendem Wasser abspülen, bis das Wasser klar ist. Anschließend den Reis nach Packungsanleitung in Salzwasser garen. Wenn die Flüssigkeit vollständig aufgenommen wurde, den Reis vom Herd nehmen und bis zum Servieren warm halten.

Die Sonneblumenkerne, Kürbiskerne und den Sesam in einer Pfanne ohne Fett bei mittlerer Hitze 5–8 Minuten rösten. Anschließend in eine Schale geben und auskühlen lassen. Den Dill waschen, trocken schütteln und zerpflücken. Den Saft der Zitrone auspressen. Für das Dressing alle Zutaten mit 3 EL Wasser glatt rühren.

Den Brokkoli waschen und in Röschen teilen. Die Brokkoliröschen portionsweise in einen Standmixer geben und auf niedriger Stufe zu Bröseln verarbeiteten. Alternativ den Brokkoli mithilfe eines scharfen Messers fein hacken. Das Olivenöl in einer Pfanne erhitzen, den Brokkolireis darin bei mittlerer Hitze 15 Minuten braten. Kurz vor Ende der Garzeit den Zitronensaft einrühren.

Die Gurken und Radieschen waschen, putzen und mithilfe eines Gemüsehobels in feine Scheiben schneiden. Die Rote Bete schälen, dabei nach Bedarf Einweghandschuhe tragen, und ebenso in feine Scheiben hobeln. Den Mozzarella abgießen und in dünne Scheiben schneiden.

Den Vollkornreis auf zwei Schüsseln verteilen, den Brokkolireis darüber geben und mit Radieschen, Gurken, Roter Bete und Mozzarella belegen.

Den Brokkoli-Reis-Salat mit Dressing beträufeln und mit Dill, gerösteten Samen und Kernen garnieren.

TIPP

Dazu schmeckt je 1 Scheibe Quinoa-Leinsamen-Brot (siehe S. 30).

One Pot Curry

ZUTATEN
für 2 Personen

- 1½ TL Currypulver
- ½ TL gemahlener Koriander
- ¼ TL gemahlener Ingwer
- ¼ TL Kreuzkümmelsamen
- ¼ TL Paprikapulver
- 1 Msp. Chiliflocken
- 1 rote Zwiebel
- 3 Knoblauchzehen
- 1 Zitrone
- 1 Dose Kichererbsen (480 g Abtropfgewicht)
- 1 EL Kokosöl
- 1 Dose Kokosmilch (400 g Füllgewicht)
- Salz, frisch gemahlener Pfeffer
- ½ Bund frischer Koriander
- 4 EL Skyr (alternativ griechischer Joghurt oder Kokos-Joghurt-alternative)
- 2 EL Hanfsamen
- 1 Msp. Chiliflocken (optional)

Das Geheimnis dieses Currys sind die Gewürze. Sie verwandeln das simple, von innen wärmende Gericht in ein wahres Feuerwerk der Aromen. Besonders an kühleren Sommertagen, nach einer Wanderung im Herbst oder an Tagen, an denen der Kühlschrank außer ein paar Knoblauchzehen und Zwiebeln nichts mehr bereithält, ist dieses One-Pot-Gericht eine dankbare Mahlzeit.

Die Gewürze, bis auf das Salz, in eine Schale geben und miteinander vermengen. Die Zwiebel und den Knoblauch schälen und fein würfeln. Den Saft der Zitrone auspressen.

Die Kichererbsen in ein Küchensieb abgießen, mit Wasser abspülen und abtropfen lassen.

Das Kokosöl in einem Topf erhitzen. Die Gewürze hinzufügen und bei mittlerer Hitze 30–60 Sekunden anrösten. Anschließend mit Zitronensaft ablöschen. Den Knoblauch und die Zwiebeln hinzufügen und für 3–4 Minuten dünsten, bei Bedarf etwas Wasser hinzufügen. Anschließend die Kokosmilch einrühren und 10 Minuten köcheln lassen. Dann die Kichererbsen hinzufügen und für weitere 5 Minuten köcheln lassen. Mit Salz und Pfeffer abschmecken. Den Koriander waschen, trocken schütteln und die Blättchen abzupfen.

Zum Servieren das Kichererbsen-Curry auf 2 Schüsseln verteilen und mit Skyr, frischem Koriander und Hanfsamen garnieren. Mit Chiliflocken nach Belieben abschmecken.

TIPP

Dazu je 1 Portion braunen Reis oder je 1 Scheibe Reisbrot (siehe S. 31) servieren.

Scharfer Rote-Bete-Salat

ZUTATEN
für 2 Portionen

Für den Salat

700 g Rote Bete
1 Zitrone
2 EL Olivenöl
1–2 Msp. Chiliflocken
2 TL Ahornsirup
Salz

Für das Dressing

1 EL Apfelessig
1 EL Olivenöl
Salz, frisch gemahlener Pfeffer

Für das Topping

1 Portion Parmesan-Ricotta-Aufstrich (siehe S. 21)
2–3 Stängel frisches Basilikum
¼ Bund frische Petersilie
25 g Pistazienkerne
2 TL Hanfsamen
2 EL Olivenöl
Salz, frisch gemahlener Pfeffer

Rote Bete ist aus meiner Küche nicht mehr wegzudenken, denn sie ist unheimlich vielfältig in ihren Einsatzmöglichkeiten und ganz nebenbei ein dankbarer Eisenlieferant. Für diesen Salat röste ich die Rote Bete für ein paar Minuten im Ofen. Dadurch erhält die Knolle ein würzig karamellartiges Aroma, bleibt innen aber wunderbar saftig. Diese Variante dauert zwar etwas länger als die Zubereitung mit dem rohen Gemüse, ist es in Hinblick auf das Geschmackserlebnis aber auf jeden Fall wert.

Den Backofen auf 180 °C (Ober-/Unterhitze) vorheizen.

Die Rote Bete schälen, dabei nach Bedarf Einweghandschuhe tragen, achteln und in eine Auflaufform geben. Den Saft der Zitrone auspressen und zusammen mit den restlichen Zutaten und 1 Prise Salz verrühren und über die Rote Bete geben. Die Rote Bete im heißen Ofen (Mitte) 15–20 Minuten garen, anschließend auskühlen lassen.

In der Zwischenzeit das Dressing zubereiten. Dazu alle Zutaten in eine Schale geben und miteinander vermengen, mit Salz und Pfeffer würzen.

Für das Topping den Parmesan-Ricotta-Aufstrich wie auf Seite 21 beschrieben zubereiten. Die Kräuter waschen, trocken schütteln und mit einem scharfen Messer fein hacken. Die Pistazienkerne grob hacken.

Die Rote Bete in einen Standmixer geben und auf niedriger Stufe zerkleinern, alternativ mithilfe einer Gemüsereibe raspeln. Anschließend in eine Schüssel geben und mit dem Dressing marinieren.

Den Rote-Bete-Salat auf zwei Schüssel aufteilen, mit Parmesan-Ricotta-Aufstrich, frischen Kräutern, Pistazienkernen, Hanfsamen und Olivenöl garnieren und mit je 1 Prise Salz und Pfeffer bestreuen.

TIPP

Dazu schmecken je 1 Scheibe Quinoa-Leinsamen-Brot (siehe S. 30).

Avocado-Pfirsich-Salat

mit cremigem Feta

ZUTATEN
für 2 Portionen

Für die eingelegten Zwiebeln

- 2 weiße Zwiebeln
- 1 Zitrone
- 25 ml Olivenöl
- Salz, frisch gemahlener Pfeffer

Für den Feta und die Deko

- 1 Portion Feta-Aufstrich (siehe S. 21)
- 2–3 Stängel frisches Basilikum
- ¼ Bund frische Dill
- 2 EL Sesam
- Olivenöl
- Salz, frisch gemahlener Pfeffer

Für den Sommersalat

- 1 Pfirsich
- 2 Mini-Gurken
- 10 Kirschtomaten
- 1 Avocado

Salat mal anders! Doch wer diesen Salat selbst probiert, wird mir zustimmen: Er schmeckt großartig! Der cremige Feta-Aufstrich harmoniert wunderbar mit den in Olivenöl eingelegten Zwiebelringen. Die Süße der Pfirsiche gleicht die leicht säuerliche, aber äußerst erfrischende Note der sonnengereiften Kirschtomaten aus. Avocado und Gurke sorgen für zusätzliche Texturen und Geschmacksnuancen. Am liebsten serviere ich dazu noch eine Scheibe Brot, getoastet oder frisch aus dem Ofen.

Die Zwiebeln schälen, mit einem Gemüsehobel in feine Ringe hobeln und in eine Schale geben. Den Saft der Zitrone auspressen und zusammen mit dem Olivenöl, je 1 Prise Salz und Pfeffer in einer kleinen Schale vermengen und über die Zwiebeln geben, 10–15 Minuten ziehen lassen, dabei gelegentlich durchmischen.

In der Zwischenzeit den Feta-Aufstrich wie auf Seite 21 beschrieben zubereiten. Das Basilikum und den Dill waschen, trocken schütteln und zerpflücken.

Für den Salat den Pfirsich, die Gurken und Tomaten waschen. Den Pfirsich halbieren, entsteinen und in feine Spalten schneiden. Die Gurke in dünne Scheiben schneiden, die Tomaten halbieren oder vierteln. Die Avocado halbieren, den Kern entfernen und das Fruchtfleisch vorsichtig aus der Schale lösen, dann in dünne Spalten schneiden.

Den Feta-Aufstrich auf zwei Schüsseln verteilen. Gemüse und Früchte darauf verteilen, mit eingelegten Zwiebeln, Kräutern und Sesam garnieren. Das restliche Dressing der Zwiebeln darauf verteilen und alles mit Salz und Pfeffer würzen.

TIPP

Dazu schmeckt jeweils 1 Scheibe Hirse-Buchweizen-Brot (siehe S. 28). Für Abwechslung sorgen anstelle des Feta-Aufstrichs der Parmesan-Ricotta-Aufstrich (siehe S. 21), das Artischockenpesto (siehe S. 162) oder ein körniger Frischkäse. Für eine vegane Variante den Hummus (siehe S. 18) verwenden.

Quinoa-Taboulé

mit Granatapfel & Minze

ZUTATEN
für 2 Portionen

Für das Taboulé

- 180 g Quinoa
- 70 g Rucola
- ½ Granatapfel
- 120 g Feta
- 12 Blätter frische Minze
- 40 g Pistazien

Für das Dressing

- 1 EL Mandelmus
- 4 EL Apfelessig
- ½ Zitrone
- 2 EL Olivenöl
- 1 Msp. gemahlener Koriander
- 1 Msp. Chiliflocken (optional)
- Salz, frisch gemahlener Pfeffer

Gute Gerichte müssen nicht kompliziert sein oder aus extravaganten Zutaten bestehen. Dieses Taboulé ist der Beweis dafür und nahezu perfekt für heiße Sommertage. An solchen Abenden finde ich Getreidesalate eine tolle Alternative zu warmen Gerichten. Das Wunderbare daran: Unterschiedliche Getreidesorten können mit den verschiedensten Kombinationen aus Obst und Gemüse kombiniert werden. Ich könnte mir vorstellen, dass ein vollreifer, saftiger Pfirsich mindestens genauso gut passt wie eine Handvoll knackige Granatapfelkerne.

Die Quinoa in einem feinmaschigen Sieb unter fließendem Wasser abspülen, bis das Wasser klar ist. Anschließend mit 450 ml Wasser in einen Topf geben und aufkochen lassen. Die Hitze reduzieren und die Quinoa 20–25 Minuten köcheln lassen. Bei Bedarf noch etwas Wasser hinzufügen. Wenn die Flüssigkeit vollständig aufgenommen wurde, den Topf vom Herd nehmen und die Quinoa vollständig auskühlen lassen.

In der Zwischenzeit für das Dressing den Saft der Zitrone auspressen. Den Saft mit den restlichen Zutaten für das Dressing in eine Schale geben, gut vermengen und mit Salz und Pfeffer abschmecken. Den Rucola waschen und trocken schütteln. Den Granatapfel am besten in einer Schale voll Wasser entkernen und die Kerne an der Wasseroberfläche abschöpfen. Den Feta zerkrümeln. Die Minzblätter waschen, trocken tupfen und mit einem scharfen Messer hacken.

Die ausgekühlte Quinoa mit den vorbereiteten Zutaten und dem Dressing in eine große Schüssel geben, gut vermengen und servieren.

TIPP

Wenn es schnell gehen muss, stelle ich die Quinoa zum Auskühlen für ein paar Minuten in ein leeres Tiefkühlfach. Und für Abwechslung sorgen anstelle der Quinoa auch andere Getreidesorten wie Couscous oder Bulgur.

Ofenkartoffeln
mit Kohlsalat & Mandelsauce

ZUTATEN
für 2–4 Portionen

Für den Kohlsalat

400 g TK-Rosenkohl
500 g Rotkohl
Salz
1 kleiner Apfel
50 g Mandeln

Für die Kartoffeln

4 Ofenkartoffeln
2–3 Zweige frischer Thymian

Für die Mandelsauce

2 Limetten
4 EL Mandelmus
½ TL Ahornsirup
1 Msp. Chiliflocken
Salz
4 EL Mandeldrink

Den Backofen auf 200 °C (Ober-/Unterhitze) vorheizen. Ein Backblech mit Backpapier auslegen. Den Rosenkohl auftauen lassen.

Die Kartoffeln waschen, trocken tupfen und mit der Schale auf das vorbereitete Backblech legen. Im heißen Ofen (Mitte) 35–40 Minuten backen, bis die Kartoffeln gar sind.

In der Zwischenzeit für die Mandelsauce die Limetten auspressen und den Saft zusammen mit dem Mandelmus, Ahornsirup, Chiliflocken und 1 Prise Salz in eine Schüssel geben. Den Mandeldrink nach und nach einrühren, die Sauce sollte dabei nicht zu flüssig werden.

Für den Kohlsalat den Rotkohl putzen, vierteln und vom Strunk befreien. Anschließend mit einem scharfen Messer oder einem Hobel sehr fein schneiden. Den Rotkohl in eine Schüssel geben, salzen und 10–15 Minuten ziehen lassen. Anschließend gut mit den Händen kneten und das überschüssige Salzwasser ausdrücken und abgießen. Genügend Wasser in einem Topf zum Kochen bringen. Den aufgetauten Rosenkohl halbieren und im heißen Wasser 4–5 Minuten blanchieren, anschließend abgießen. Den Apfel waschen, vierteln, entkernen und in kleine Stücke schneiden. Die Mandeln mithilfe eines scharfen Messers grob hacken.

Den Rotkohl mit dem Rosenkohl, den Apfelstücken und etwa der Hälfte der Mandeln in eine Schüssel geben und vermengen. Zwei Drittel der Mandelsauce untermengen. Den Thymian waschen, trocken schütteln und die Blättchen abzupfen.

Die Kartoffeln aus dem Ofen nehmen, in der Mitte einschneiden, etwas auseinanderklappen und mit Kohlsalat füllen. Mit restlicher Mandelsauce, gehackten Mandeln und frischen Kräutern garnieren. Den restlichen Kohlsalat dazu servieren.

TIPP

Bleibt Salat übrig, kann dieser am nächsten Tag mit 1 Handvoll frischem Feldsalat kombiniert und mit etwas Apfelessig, Olivenöl, Salz und Pfeffer mariniert werden. Bleiben Kartoffeln übrig, einfach klein schneiden und unter den Salat geben.

Mozzarella-Sandwich

mit Brokkoli und Kräutersauce

ZUTATEN
für 2 Sandwiches

1 Portion Grüne Kräutersauce (siehe S. 31)
½ Brokkoli
1 EL Olivenöl
250 g Mozzarella
15 g frischer Koriander
4 Scheiben Brot
1 TL Butter

An manchen Tagen ist der Hunger groß und die Zeit knapp. Dann ist ein warmes Sandwich genau das Richtige! Feinster Mozzarella, klein geschnittener Brokkoli und ein Löffel Grüne Kräutersauce, eingeklemmt zwischen zwei Scheiben Brot, die mit etwas Butter in der Pfanne knusprig gebraten werden. Mhhhh! Manchmal braucht es einfach nicht viel, um aus einer Handvoll Zutaten im Handumdrehen etwas Köstliches und Sättigendes zuzubereiten. Ganz nach dem persönlichen Geschmack können auch andere Zutaten in das Sandwich gepackt werden.

Die Kräutersauce wie auf Seite 31 beschrieben zubereiten.

Den Brokkoli waschen, putzen, in Röschen teilen und mithilfe eines scharfen Messers fein hacken. Das Olivenöl in einer Pfanne erhitzen und den Brokkoli für 7–8 Minuten bei mittlerer Hitze dünsten.

Den Mozzarella in dünne Scheiben schneiden. Den Koriander waschen, trocken schütteln und die Blätter abzupfen.

Die Brotscheiben mit etwas Butter bestreichen und mit der Butterseite nach unten auf die Arbeitsfläche oder einen Teller legen. Das Brot mit Kräutersauce, Mozzarella, Brokkoli, Korianderblättchen und nochmal einer Schicht Mozzarella und Kräutersauce belegen. Anschließend die andere Brotscheibe mit der Butterseite nach außen drauflegen.

Eine Pfanne erhitzen. Das Sandwich darin von beiden Seiten 4–5 Minuten goldbraun braten. Alternativ in einen Sandwichmaker geben.

Smashed-Vinegar-

Kartoffeln mit Knoblauchdip

ZUTATEN
für 2 Portionen

Für die Kartoffeln

1 kg kleine Kartoffeln
300 ml Apfelessig
Rauchsalz (alternativ Salz)
Chiliflocken

Für den Knoblauchdip

6–8 Knoblauchzehen
1 EL Olivenöl
300 g griechischer Joghurt
Salz

Für die Marinade

2–3 Zweige frischer Thymian
2 TL Olivenöl
1 TL Apfelessig
Rauchsalz (alternativ Salz)

Ich liebe Kartoffeln in allen möglichen Varianten: gekocht, gebraten, gebacken und, ja, manchmal sogar frittiert. Für die Zubereitung von Smashed-Vinegar-Kartoffeln werden die Kartoffeln zuerst gekocht und anschließend knusprig gebacken. Die Kombination aus Essig, Olivenöl und geräuchertem Salz verleiht der gelben Knolle ein unglaubliches Aroma.

Die Kartoffeln waschen und mit Apfelessig, 1 Liter Wasser und ¼ TL Salz in einen Topf geben. Das Wasser zum Kochen bringen und die Kartoffeln bei mittlerer Hitze 20 Minuten kochen, anschließend abgießen und auskühlen lassen.

Den Backofen auf 200 °C (Ober-/Unterhitze) vorheizen. Ein Backblech mit Backpapier auslegen.

Für den Knoblauchdip die Knoblauchzehen schälen und in eine ofenfeste Form geben. Mit Olivenöl marinieren und im heißen Ofen (Mitte) 10 Minuten rösten. Anschließend mit dem griechischen Joghurt und 1 Prise Salz in einen Standmixer geben und zu einem cremigen Dip mixen.

Für die Marinade den Thymian waschen, trocken schütteln und die Blättchen abzupfen, dabei ein paar Blättchen für die Deko beiseitelegen. Das Olivenöl mit dem Apfelessig, 1 Prise Rauchsalz und den Thymianblättchen vermengen. Die Kartoffeln auf das Backblech geben, mithilfe einer Tasse flachdrücken und mit der Marinade bestreichen. In den heißen Ofen (Mitte) schieben und 20–25 Minuten knusprig backen.

Den Knoblauchdip auf zwei Teller verteilen. Die Smashed Vinegar-Kartoffeln daraufsetzen und mit restlichem Thymian, Rauchsalz und Chiliflocken garnieren.

Kimchi-Falafeln
auf Hummus

ZUTATEN
für 2 Portionen

Für die Kimchi-Falafeln

- 500 g Blumenkohl
- 3 Knoblauchzehen
- 1 Zwiebel
- ½ Zitrone
- 200 g Kimchi (aus dem Glas)
- 1 Ei (M)
- 80 g Maisgrieß
- 1 TL Ahornsirup

Für das Topping

- 1 Portion Kichererbsen-Hummus (siehe S. 18)
- ¼ Bund frischer Koriander
- 2 EL Olivenöl
- 2 TL schwarzer Sesam
- Salz

Den Backofen auf 200 °C (Ober-/Unterhitze) vorheizen. Ein Backblech mit Backpapier auslegen.

Den Blumenkohl waschen, putzen und in kleine Röschen teilen. Die Blumenkohlröschen portionsweise in einen Standmixer geben und auf niedriger Stufe zu Bröseln verarbeiten. Alternativ mithilfe eines scharfen Messers fein hacken. Den Knoblauch und die Zwiebel schälen und fein hacken. Den Saft der halben Zitrone auspressen.

Die Blumenkohlbrösel mit Knoblauch, Zwiebel, Kimchi, Ei, Maisgries, Zitronensaft und Ahornsirup in eine Schüssel geben und vermengen. Mit den Händen zu Tischtennisball großen Bällchen formen und dabei die überschüssige Flüssigkeit ausdrücken, damit die Falafeln besser zusammenhalten. Anschließend in Maisgrieß wälzen. Die Falafeln auf das vorbereitete Backblech legen und im heißen Ofen (Mitte) 25–30 Minuten goldbraun backen.

In der Zwischenzeit den Kichererbsen-Hummus wie auf Seite 18 beschrieben zubereiten. Den Koriander waschen, trocken schütteln und die Blättchen abzupfen.

Den Hummus auf zwei Teller verteilen. Die Falafeln darauflegen und mit Olivenöl, schwarzem Sesam, frischem Koriander und 1 Prise Salz garnieren.

VARIANTE

Für Kimchi-Falafeln aus Kichererbsen 1 Dose Kichererbsen (240 g Abtropfgewicht) in ein Sieb abgießen, abspülen und abtropfen lassen. 1 Knoblauchzehe und 1 kleine rote Zwiebel schälen und vierteln. Den Saft der Zitrone auspressen und mit den Kichererbsen, 200 g Kimchi, 1 EL Olivenöl, 1 EL Tahin (Sesammus), ½ TL Salz, je 1 Msp. Korianderpulver und gemahlenem Ingwer sowie 1 TL Ahornsirup in einen Standmixer geben und zu einer klebrigen Masse pürieren. Aus der Masse kleine Bällchen formen, flachdrücken und in etwas Öl in einer Pfanne von beiden Seiten bei mittlerer Hitze 8–10 Minuten braten.

Laska-Curry

ZUTATEN
für 4 Personen

Für die Currypaste

- 2 rote Schalotten
- 5 Knoblauchzehen
- 4 cm frischer Ingwer
- 3 Stängel Zitronengras
- 2 EL Kokosöl
- 40 g gemahlene Mandeln
- 1 Msp. Chiliflocken
- 2 TL gemahlener Koriander
- 2 TL Currypulver

Für das Curry

- 1 Blumenkohl
- 2–3 Möhren
- 250 g Zuckerschoten (alternativ TK-Ware)
- 150 g Reis
- 2 Dosen Kokosmilch (à 400 g Füllgewicht)
- 2 Limetten
- 2 EL Fischsauce
- 1 EL Ahornsirup

Topping

- Mandelsalz (siehe S. 33)
- 1 kleines Bund frischer Koriander
- 1 Limette
- 2 EL Sesam

Dieses Gericht ist in den letzten Jahren zu meinem absoluten »Signatur Dish« geworden. Wann immer Freunde zu Besuch sind, koche ich einen großen Topf Laska Curry und serviere es mit einer Portion Reis und reichlich Koriander. Dazu eine Prise frisch gemahlenes Mandelsalz. Im Sommer lade ich dazu gerne in den Garten ein. Es ist herrlich, wenn sich der Duft aus der Küche mit der kühler werdenden Abendluft vermischt und uns, während wir in gute Gespräche versunken sind, sanft daran erinnert, dass das Essen gleich fertig ist.

Für die Currypaste die Schalotten, den Knoblauch und Ingwer schälen und grob hacken. Das Zitronengras waschen, von der äußeren harten Schale befreien und ebenfalls grob hacken. Die Zutaten mit dem Kokosöl, gemahlenen Mandeln, Chiliflocken, gemahlenem Koriander und Currypulver in einen Standmixer geben und zu einer Paste pürieren.

Für das Curry den Blumenkohl waschen, putzen und in kleine Röschen teilen. Die Möhren schälen und in etwa 3 cm lange, dünne Stifte schneiden. Die Zuckerschoten waschen und an den Spitzen abschneiden.

Den Reis in einem feinmaschigen Sieb mit Wasser abspülen, bis das Wasser klar ist. Anschließend mit 400 ml Wasser in einen Topf geben und aufkochen lassen. Die Hitze reduzieren und den Reis 20–25 Minuten köcheln lassen. Bei Bedarf noch etwas Wasser hinzufügen. Wenn die Flüssigkeit vollständig aufgenommen wurde, die Herdplatte ausschalten und den Reis mit geschlossenem Deckel bis zum Servieren warm halten.

Die Currypaste in einen Kochtopf geben und bei mittlerer Hitze 1–2 Minuten rösten. Anschließend die Kokosmilch und 150 ml Wasser einrühren und zum Kochen bringen. Die Hitze reduzieren und die Currysauce 10–15 Minuten köcheln lassen, bis sich das Fett die Kokosmilch an der Oberfläche absetzt. Die Limetten auspressen und den Saft mit der Fischsauce und dem Ahornsirup einrühren. Anschließend den Blumenkohl in die Sauce geben und 15 Minuten garen. Nach etwa 10 Minuten die Zuckerschoten und Möhren hinzufügen und für weitere 5 Minuten mitgaren.

In der Zwischenzeit für das Topping das Mandelsalz wie auf Seite 33 beschrieben zubereiten. Den Koriander waschen, trocken schütteln und die Blättchen abzupfen. Die Limette vierteln.

Das Curry auf zwei Teller aufteilen, mit Korianderblättchen, Mandelsalz und Sesam garnieren und mit Limettensaft beträufeln. Den Reis dazu servieren.

Artischockenpesto
mit Spaghetti & Parmesan

ZUTATEN
für 2 Portionen

Für das Pesto

- 1 Glas Artischocken (240 g Abtropfgewicht)
- 50 g Parmesan
- 2 Knoblauchzehen
- 2 Bio-Zitronen
- 50 g gemahlene Mandeln
- 50 ml Olivenöl
- ½ TL Ahornsirup
- Salz

Für die Spaghetti

- 250 g Spaghetti
- Salz
- 1 Handvoll Rucola
- 6 Artischocken (aus dem Glas)
- Zitronenzesten (siehe oben)
- 20 g Parmesan

Was wäre das Leben ohne Pasta? Diese kulinarische Zusammenstellung sorgt für ein bisschen Dolce Vita am Balkon. Das Pesto aus Artischocken, Zitronen und Parmesan ist ein Gaumenschmaus und lässt sich zudem gut auf Vorrat zubereiten. Deshalb zähle ich dieses Gericht gerne zu meinen Blitz-Rezepten – denn die Pasta ist in wenigen Minuten al dente.

Für das Pesto die Artischocken in ein Küchensieb abgießen und abtropfen lassen. Den Parmesan mit einer Käsereibe fein reiben. Den Knoblauch schälen und vierteln. Die Zitronen heiß abwaschen, trocken tupfen und mit einer Zestenreibe die Schale fein abreiben. Den Saft aus den Zitronen auspressen. Anschließend alle Zutaten mit dem Zitronensaft, 2 EL Zitronenzesten und ¼ TL Salz in einen Standmixer geben und zu einem cremigen Pesto mixen.

Die Spaghetti in ausreichend Salzwasser nach Packungsanleitung al dente kochen. Anschließend abgießen und gut abtropfen lassen. In der Zwischenzeit den Rucola waschen und trocken schütteln. Die Artischocken in ein Küchensieb abgießen, abtropfen lassen und halbieren oder vierteln. Den Parmesan fein reiben.

Die Spaghetti auf zwei Servierteller verteilen und das Pesto untermengen. Mit Artischocken, restlichen Zitronenzesten, frisch geriebenem Parmesan und Rucola garnieren.

TIPP

Für mehr Proteine auf dem Teller die Spaghetti durch Linsen- oder Kichererbsennudeln ersetzen.

Dal mit Skyr
& gesalzenen Mandeln

ZUTATEN
für 2 Portionen

Für das Dal

- 1 Zwiebel
- 3 Knoblauchzehen
- 30 g frischer Ingwer
- 1 Möhre
- 260 g rote Linsen
- ½ Bio-Zitrone
- 1 EL Kokosöl
- 2 ½ TL gelbes Currypulver
- ½ TL gemahlener Koriander
- ½ TL Kreuzkümmelsamen
- 240 g Tomatensauce (aus der Dose)
- 300 ml Kokosmilch (aus der Dose)

Für die gerösteten Mandeln

- 50 g Mandeln
- 1 TL Salz

Für das Topping

- ¼ Bund frischer Koriander
- 8 Kirschtomaten
- 1 Limette
- 50 g Skyr

An manchen Tagen ist etwas Warmes im Bauch einfach das Beste! Und dieses Dal mit Skyr, gerösteten Salzmandeln und einer Handvoll Koriandergrün ist wie dafür gemacht. Die Inspiration dafür fand ich in Kopenhagen auf einem Street Food Markt. Ich erinnere mich gut daran, wie wir bei Sonnenschein und blauem Himmel unsere Rennradtour starteten. Ich war voller Vorfreude, Dänemark mit dem Rad zu erkunden. Weniger erfreut war ich jedoch über das Aufziehen dunkler Wolken und typisch dänischer Windböen auf dem letzten Drittel der Runde, die mich etwas zum Frösteln brachten. Dagegen half nur eins: eine große Portion Dal.

Zwiebel, Knoblauch und Ingwer schälen und fein hacken. Die Möhren schälen und in kleine Würfel schneiden. Die Linsen in einem feinmaschigen Sieb abspülen und abtropfen lassen. Die Zitrone heiß abwaschen, trocken tupfen und die Schale fein abreiben. Den Saft auspressen.

Das Kokosöl in einer Pfanne erhitzen, Currypulver, gemahlener Koriander und Kreuzkümmelsamen hinzufügen und für 30 Sekunden rösten. Anschließend mit Zitronensaft ablöschen. Zwiebel, Knoblauch, Ingwer und 1 TL Zitronenzeste mit 50 ml Wasser hinzufügen und 2–3 Minuten unter Rühren dünsten. Dann die Linsen mit 400 ml Wasser hinzufügen und aufkochen lassen. Die Hitze reduzieren und nach und nach die Tomatensauce einrühren. Anschließend die Kokosmilch zugeben, aufkochen und 15–20 Minuten köcheln lassen, bis das Dal eine schöne Konsistenz hat.

Die Mandeln mit dem Salz in einer Pfanne ohne Fett bei mittlerer Temperatur 8–10 Minuten rösten, dabei gelegentlich umrühren. Danach mit einem scharfen Messer grob hacken.

Den Koriander waschen, trocken schütteln und die Blättchen abzupfen. Die Tomaten waschen und halbieren. Die Limetten achteln.

Das Dal auf zwei Teller verteilen und mit Skyr, Tomatenhälften, Korianderblättchen, Limettenspalten und gehackten Mandeln garnieren.

TIPP

Dieses Gericht wird noch reichhaltiger, wenn 1 Portion Vollkornreis dazu serviert wird.

Zwiebel-Birnen-Quiche mit Bergkäse

ZUTATEN
für 1 Springform

Für den Teig

- 60 g Butter plus etwas mehr zum Einfetten
- 270 g Dinkelmehl (Type 630) plus etwas mehr zum Bestäuben
- 75 g Maisgrieß
- 2 TL Backpulver
- Salz
- 80 ml Mineralwasser

Zum Belegen

- 1 Zitrone
- 270 g rote Zwiebeln
- 1 Birne
- 150 g Bergkäse
- 3 Eier (M)
- 75 ml Milch
- 1 TL Ahornsirup
- Salz, frisch gemahlener Pfeffer

Ich mag Gerichte besonders, die sich am nächsten Tag in wunderbare Snacks für unterwegs verwandeln – ganz ohne zusätzlichen Aufwand! Diese Zwiebel-Birnen-Quiche mit würzigem Bergkäse ist nicht nur ein tolles Abendessen, sondern auch eine köstliche Jause am Berg.

Den Backofen auf 180 °C (Ober-/Unterhitze) vorheizen. Eine Tarte- oder Springform (Ø 25 cm) einfetten und mit Mehl bestäuben oder mit Backpapier auslegen.

Das Dinkelmehl mit dem Maisgrieß, Backpulver und ½ TL Salz in eine Schüssel geben und vermischen. Die Butter in Flocken und das Mineralwasser hinzufügen und mithilfe einer Küchenmaschine oder den Händen zu einem glatten Teig verkneten. Wenn der Teig zu krümelig ist, noch etwas Wasser zufügen. Anschließend 30 Minuten in den Kühlschrank stellen.

In der Zwischenzeit den Saft der Zitrone auspressen. Die Zwiebeln schälen und mit einem Gemüsehobel oder einem scharfen Messer in feine Ringe hobeln. Die Birne waschen, vierteln, entkernen und in dünne Scheiben schneiden. Den Bergkäse mit einer Käsereibe fein reiben und mit den Eiern, der Milch, dem Zitronensaft, dem Ahornsirup und ½ TL Salz vermengen.

Den Teig aus dem Kühlschrank nehmen und mit den Händen in die vorbereitete Form drücken, dabei einen etwa 2–3 cm hohen Rand formen. Den Teig mit einer Gabel mehrmals einstechen. Die Zwiebelringe und die Birnenscheiben gleichmäßig auf dem Boden verteilen. Dann die Eier-Käse-Mischung darübergießen und mit etwas Pfeffer würzen.

Im heißen Ofen (Mitte) bei 180 °C (Ober-/Unterhitze) 25–30 Minuten backen. Anschließend aus dem Ofen nehmen und etwas abkühlen lassen.

TIPP

Die Quiche schmeckt auch kalt, und Reste lassen sich wunderbar in eine Jausenbox zum Wandern einpacken.

Erfrischender **Ingwer-Minz-** Drink

ZUTATEN
für 2 Gläser

Für den Ingwersirup (ca. 200 ml)

- 30 g frischer Ingwer
- 15 Blätter frische Minze
- 3 Zitronen (alternativ 100 ml Zitronensaft)
- 200 g Sirupzucker

Für den Drink

- ½ Bio-Zitrone
- 6 Blätter frische Minze
- 4–6 Eiswürfel
- 25 ml Ingwersirup
- 30 ml Gin
- 250 ml Mineralwasser

Für den Sirup den Ingwer schälen und in dünne Scheiben schneiden. Die Minze waschen. Die Zitrone halbieren und den Saft auspressen. Anschließend mit 100 ml Wasser und dem Zucker in einen Topf geben und aufkochen lassen. Die Hitze reduzieren und alles 20 Minuten bei mittlerer Hitze köcheln lassen. Anschließend die Minzeblätter entfernen, den Sirup mit den Ingwerscheiben in eine saubere Flasche füllen und auskühlen lassen. Der Sirup hält sich verschlossen im Kühlschrank mehrere Monate.

Für den Drink die Zitrone waschen und in feine Scheiben schneiden. Die Minze waschen. Die Zitronenscheiben und die Eiswürfel auf 2 Gläser verteilen. Den Ingwersirup und Gin hinzufügen, mit Mineralwasser auffüllen und die Gläser mit frischer Minze garnieren.

TIPP

Für eine alkoholfreie Variante einfach den Gin weglassen.

Charred **Blood Orange** Gin Tonic

ZUTATEN
für 2 Gläser

- ½ Blutorange
- 2 EL Zucker
- 4–6 Eiswürfel
- 60 ml Gin
- 400 ml Tonic Water (alternativ Mineralwasser)
- 2 Zweige Rosmarin

Die Blutorange waschen, in feine Scheiben schneiden und mit etwas Zucker bestreuen. Die Scheiben in einer heißen Pfanne ohne Fett 1–2 Minuten von jeder Seite grillen. Anschließend mit den Eiswürfeln auf 2 Gläser aufteilen, den Gin hinzufügen, mit Tonic Water aufspritzen und umrühren. Den Rosmarin waschen und die Drinks damit garnieren.

Danke!

Ich mag es, wenn die Sonne tief steht und alles um mich herum in ein goldenes Licht einhüllt. Wenn die Beine müde sind und der Geist zufrieden. Es ist für mich die schönste Zeit, wenn ich es mir nach dem Sport im Wohnzimmer gemütlich machen darf und Danke sagen kann. Danke, für einen weiteren wunderbaren, gemeinsamen Tag in der Natur.

Danke, für die Unterstützung bei der Erstellung dieses Buches, das für mich mehr als nur ein Kochbuch ist. Denn es vereint all meine Leidenschaften – das Radfahren, das Wandern, die Fotografie, das Kochen und natürlich auch das Essen.

Danke, an meine Familie und meine Freund:innen, die mich im letzten Jahr während der Entstehung dieses Buches mit ihrem Rat, ihrer helfenden Hand, ihrem feinen Gaumen, ihren Kochkünsten und ihrer Begleitung bei Ausflügen in die umliegende Berglandschaft, um neue Inspiration zu sammeln, unterstützt haben.

Mein besonderer Dank gilt Manuel Schreiber, der mich mit seiner Euphorie fürs Radfahren und Wandern und seinen gut geplanten Touren immer wieder aufs Neue begeistert, das Abenteuer zu suchen. Gemeinsam haben wir in den vergangenen Jahren etliche Berge erkundet und Alpenpässe überquert. Es waren die gemeinsamen Ausflüge in die Natur, die mich dazu inspiriert haben, dieses Buch zu schreiben, dafür danke ich dir.

Mein Dank gilt auch meinen wunderbaren Freundinnen Stefanie und Nicole, die zahlreiche Stunden damit verbracht haben, die Rezepte in diesem Buch für mich zu testen. Euer Feedback war goldwert!

Danke an meine Freundin Tabea, die mit Worten jonglieren kann wie keine andere und bei holprigen Textpassagen immer das richtige Feedback zur Hand hatte.

Ebenso möchte ich Katharina für ihre Expertise bei der Zubereitung der Gerichte danken. Besonders aber für dein stets offenes Ohr!

Danke auch an die beiden talentierten Power-Frauen Eva und Karin, die mir mit ihrem guten Rat und ihren eigenen Erfahrungen zur Seite gestanden haben.

Ebenfalls danken möchte ich Anja und Marline, die dieses Buchprojekt begleitet, unterstützt und lektoriert haben.

Danke auch an Lara für das wunderbare Layout dieses Buches.

Danke an den Knesebeck Verlag, der dieses Projekt ermöglicht hat.

Danke an all die treuen Leser:innen aus meiner Community.

Danke an dich!

Rezeptregister

Deutsche Originalausgabe

Copyright © 2023 von dem Knesebeck GmbH & Co. Verlag KG, München

Ein Unternehmen der Média-Participations

Projektleitung: Anja Sommerfeld, Knesebeck Verlag

Lektorat: Marline Ernzer, München

Cover, Layout und Satz: Lara Nelles (schere, style, papier), München

Herstellung: Arnold & Domnick, Leipzig

Druck: PNB Print Ltd.

Printed in Latvia

ISBN 978-3-95728-690-1

Alle Rechte vorbehalten, auch auszugsweise.

www.knesebeck-verlag.de

FSC www.fsc.org MIX Papier | Fördert gute Waldnutzung FSC® C084698